Disparates emocionales

Disparates emocionales

¡Basta ya!

Eva Bach

Plataforma Editorial

Primera edición en esta colección: enero de 2025

Plataforma Editorial
c/ Muntaner, 269, entlo. 1.ª – 08021 Barcelona
Tel.: (+34) 93 494 79 99
www.plataformaeditorial.com
info@plataformaeditorial.com

Depósito legal: B 21462-2024
ISBN: 979-13-87568-01-6
IBIC: VS

Printed in Spain – Impreso en España

Diseño y realización de cubierta:
Isabel González (@muchacha_pinta)

Fotocomposición:
Grafime S. L.

El papel que se ha utilizado para imprimir este libro proviene
de explotaciones forestales controladas, donde se respetan
los valores ecológicos, sociales y el desarrollo sostenible del bosque.

Impresión:
Sagrafic

A ti, papá, un hombre de bien, que solía decir las cosas por su nombre. Hace tanto que te fuiste que a veces me cuesta imaginarte, pero tu huella pervive en lo que soy y hago.

A ti, lectora o lector, que amas los libros y te interesan las emociones, para que sean inspiración y no engaños o quimeras.

En algunos periodos de la historia, parece que la emoción se despierte como la Bella Durmiente. Actualmente vivimos un periodo de recuperación o rehabilitación de las emociones. Este retorno a la emoción constituye a la vez una riqueza y un peligro.

MICHEL LACROIX

Me mueve un deseo profundo: que no nos embauquen ni nos manipulen con las emociones, que sean riqueza y no un peligro, que nos inviten a entrar en la casa interior y a escuchar las voces del alma, que rescaten belleza y magia dormidas, que hagan florecer la esperanza de humanización que hay en las heridas del vivir, que nos lleven de vuelta al latido de la vida y al jardín del mundo que determinadas miradas y educaciones apagan, incluso algunas de las llamadas «emocionales». Y, sobre todo, que las atendamos y entendamos cada vez mejor y sepamos ponerlas al servicio del tesoro más grande de la humanidad: la infancia.

EVA BACH

Índice

PARTE III
12 buenas prácticas emocionales

Prólogo. ¡Ya era hora!

Alguien tenía que decirlo: ¡no todo vale! Tras décadas de castración emocional colectiva fruto de una mirada pobre, represora y de menosprecio sobre nuestro mundo interior, hemos pasado al otro extremo. Ahora, la avidez comercial, la egolatría y la irresponsabilidad inundan las librerías, las redes sociales e incluso algunos ambientes académicos, y promueven tópicos superficiales sobre qué significa gestionar bien las emociones.

Eva Bach se ha puesto manos a la obra y ha deshecho, una tras otra, todas las trampas de la falsa psicología *prêt-à-porter*. Y no solo eso: las ha vaciado y les ha dado la vuelta para mostrarnos que todo esto no acostumbra a ser inocente ni casual, sino que a menudo tiene que ver con intereses poco honestos y con una gran ignorancia.

Para abrir un comercio, usar un bisturí, dirigir un equipo de baloncesto profesional o regentar un taller mecánico, es indispensable cumplir con unos cuantos requisitos legales y tener formación. Sin embargo, para decir tonterías sobre psicología —tonterías que, no obstante, pueden hacer mucho daño a personas vulnerables— solo hace falta abrirse una cuenta en Instagram o X, algo que, además, puede hacerse desde el anonimato más absoluto. Eva Bach nos ayuda a estar alerta al respecto.

Este libro es, por tanto, mucho más que una aclaración imprescindible sobre la naturaleza de las emociones basada en la reivindicación de la complejidad, la vulnerabilidad, el trabajo paciente, el largo plazo, la incertidumbre, el despliegue de la esencia humana, la serenidad… Es todo esto, sí, pero va más allá porque, mientras deshace todos los nudos simplistas sobre nuestra alma emocional, teje una sólida cartografía antisistema orientada a cuidar una verdadera salud emocional desde la infancia y a lo largo de la vida. Frente a un *mainstream* tóxico para las emociones (competitividad, individualismo, inmediatez, egocentrismo, banalidad), la autora nos demuestra que sí, que son muchos los y las profesionales dispuestos a ofrecer su experiencia y pericia para invitarnos a construir, desde dentro de cada uno de nosotros, estos nuevos pilares, que en realidad no son más que los viejos valores del humanismo.

En un momento del relato, Eva confiesa que fue educada para ser un «huevo duro» (ya entenderéis más adelante por qué utiliza esta expresión), pero cuenta que al final se deshizo como una zanahoria. Por razones que ahora no vienen a cuento, yo también he sido huevo durante muchos años, y, ahora y aquí, quiero rendir homenaje a todas las mujeres y hombres que me han invitado a salir del caparazón, a ablandarme, a asumir la complejidad de mis emociones, a arriesgar, a «caminar consciente», como dice una chapita que lleva a veces mi expareja. A personas que, como Eva, dan la mano, invitan a bucear, a ir más allá; que, en fin, hacen todo lo contrario a los golpecitos complacientes en la espalda que te hacen más mal que bien porque producen una efímera satisfacción que en realidad no mueve nada profundo en nuestro interior.

Así pues, tienes en las manos un libro que es también unas gafas para ayudarnos a ver cuándo se prostituye la gestión psicológica en beneficio propio. Son unas gafas que te permitirán detectar cuándo a un mensaje sobre las emociones le falta profundidad, carece de matices y promete que todo está al alcance de un clic, de una sonrisa con el boli entre los dientes o de tres sesiones de yoga.

Y es que quien te quiere de verdad hará lo que tan bien describe Eva, invitarte a un diálogo con tus emociones, con todas ellas. Siempre merece la pena hacer el esfuerzo de penetrar en todos los colores del alma, identificarlos y no renegar de ninguno de ellos; debemos, en fin, aprender a convivir con una buena brújula.

Este magnífico, delicado y necesario libro que tienes ante ti es, en realidad, una de esas brújulas. Una muy brillante.

FIDEL MASREAL

Periodista, creador de la sección «Sanamente»
de *El Periódico* y autor de *Convivir con la depresión*

Introducción

Las emociones, del auge al caos actual

Nunca se había hablado tanto de emociones como ahora, aunque, si nos atenemos a los datos, emocionalmente vamos a peor. Hasta los años noventa, eran unas grandes desconocidas y, de hecho, solo se usaba esta palabra para decir que algo nos «emocionaba». Sin embargo, gracias a una serie de descubrimientos neurocientíficos que validaron su relevancia, experimentaron un gran auge y en la actualidad tienen mucha más presencia en varias disciplinas del saber, así como en los medios de comunicación y en las redes sociales. Hoy en día, se tienen más en cuenta las dimensiones emocionales de la persona, la educación, la salud, las relaciones humanas y la vida en general, algo que sin duda es bueno.

Pero es evidente que algo hacemos mal, y tiene mucho que ver con el hecho de que el auge experimentado por las emociones es muy superior a su conocimiento y comprensión reales. Por un lado, prolifera su visión en un sentido biológico, primario e instintivo del término, y no se promueve la emoción lúcida, sabia, sutil, la que acaricia por dentro, la que es bálsamo para las heridas del vivir y fuente de humanización. Al contrario, como nos alerta Michel Lacroix, «se potencia la emoción-choque, la acción, el movimiento, el frenesí emocional, en lugar de la emoción-contemplación, del recogimiento, del sentimiento reposado».[1] Sin embargo, los sentimientos lúcidos o reposados son uno de los pilares para construir sociedades emocionalmente sanas que convivan en paz. Y solo podemos fomentarlos si comprendemos la verdadera naturaleza de las emociones y el camino que debemos recorrer de su mano para que sean semilla de crecimiento y de salud personal y social.

Por otro lado, desde la pandemia, asistimos a un auténtico bombardeo de mensajes sobre las emociones, la salud mental y el bienestar emocional que las redes sociales propagan y amplifican peligrosamente, a pesar de que muchas veces son mensajes erróneos o inconsistentes. No es una cuestión menor, pues, del mismo modo que, si forzamos el cuerpo a realizar determinados movimientos, podemos lesionarnos físicamente; si seguimos preceptos emocionales equivocados, también podemos lesionarnos internamente.

Como pedagoga con más de treinta años de carrera, especialista en emociones y comprometida con el estudio, el saber, la investigación y la formación permanente, me preocupa esta deriva, y considero que urge clarificar unas aguas actualmente enturbiadas. Por ello, quiero contribuir a deshacer malentendidos, falsedades y disparates que llevan a que se confundan las buenas y las malas prácticas emocionales, algo que puede costarnos muy caro y perjudicar sobre todo a niños y adolescentes, que suelen pagar el precio más alto. Este es, pues, mi propósito, y lo haré de manera constructiva, como en mis libros anteriores. No me limitaré a exponer lo que me parece desencaminado, sino que propondré también la visión alternativa que considero apropiada y saludable.

«Autoescuelas» emocionales temerarias

Había una vez una autoescuela en la que ningún profesor ni profesora tenía el carné de conducir. Todo lo que sabían de la conducción y los coches lo habían aprendido circulando a su aire por las carreteras de la vida y sin la ayuda ni la intervención de nadie, o al menos eso parecía, ya que no citaban a ningún maestro, libro ni fuente.

Allí, los conocimientos teóricos y el código de circulación no tenían importancia. Solo contaba la práctica y la experimentación propia. Las clases las daban a través de vídeos y *reels* que colgaban a diario en Instagram, y de bailes y coreografías que subían a TikTok. Cualquier cosa que les pasara por la cabeza, para allá que iba. No paraban nunca de charlatanear, ni en vacaciones, no fuera caso que sus *followers* no supieran conducir sus vidas sin sus *posts*. Hablaban como si fueran grandes ases del volante, aunque no tuvieran carné o no hubieran cogido nunca un coche. Algunos presumían de haber superado todo tipo de obstáculos, incluso de haber sobrevivido a algún accidente, y exhibían sus heridas y cicatrices como si el mero hecho de tenerlas les confiriera autoridad en la materia.

No parecían tener dudas, y su lema era que todo es cuestión de actitud y que no hay límites, que puedes conseguir todo lo que te propongas; que, si quieres, puedes; que tú decides todo lo que eres y lo que te sucede. Te animaban a liberarte del miedo, a no perder jamás el entusiasmo, a seguir adelante, con el ánimo arriba y gas a fondo siempre. Nunca tenías que detenerte, aunque vinieran curvas, divisaras un acantilado o tus fuerzas decayeran.

Saber detectar malas prácticas emocionales

Si eres una persona sensata, seguramente no te matricularías nunca a una autoescuela como esta. Pero ¿sabes cuál es el peligro? Que puedes acabar por seguir a alguna sin darte cuenta, porque hoy en día las autoescuelas temerarias proliferan en el ámbito emocional y te las encuentras por todas partes, sobre todo en las redes sociales. No se necesita licencia ni titulación alguna para montarlas; basta con darle a un botón rojo y soltar la parrafada. Lo malo es que muchas autoescuelas serias se suman a la fiesta por miedo a quedar excluidas y, así, ya no sabes de quién ni de qué fiarte. La confusión está servida, y va *in crescendo*.

Mi propósito es, como decía, ayudarte a detectar malentendidos, falsedades y disparates sobre las emociones, la educación, la transmisión y el bienestar emocional. Por ello, en la primera parte del libro, podrás identificar doce tipos de transmisiones o «educaciones emocionales» desencaminadas que circulan de modo temerario y a todo gas en nuestro entorno. En la segunda parte, descubrirás dos grandes disparates y treinta malentendidos, creencias erróneas, falsedades y algunos disparates más que he dividido en dos bloques: los que se refieren a las emociones y los relacionados con la educación emocional, y aprovecharé para sustituirlos por las ideas y las visiones alternativas que considero apropiadas y saludables. Finalmente, en la tercera y última parte, encontrarás las doce condiciones que considero que deben cumplir una transmisión y una educación emocional saludables.

PARTE I
12 malas prácticas emocionales

Peligros del auge de las emociones

Hace más de veinticinco años que estudio, investigo y escribo sobre emociones, crianza y educación emocional, y nunca me habría imaginado que llegaría un día en que tendría que alertar de los peligros que ha acabado comportando su auge.

Cuando, a inicios de la década del 2000, empecé, junto con Pere Darder, a difundir y promover la necesidad de atender las dimensiones emocionales en la vida y la educación, chocamos con suspicacias y resistencias que era preciso contrarrestar con evidencias científicas, educativas y humanas serias. Poco a poco, y tras picar piedra dura, el valor de las emociones como dimensión humana de primer orden, equiparable al conocimiento y a la razón, cobró fuerza y caló en diversos ámbitos, como el educativo, el sanitario, el empresarial, el social y el cultural, entre otros.

Lo que anhelábamos por fin había llegado, pero no era exactamente como habríamos deseado. En la actualidad, las palabras «emociones» y el adjetivo «emocional» («bienestar emocional», «apoyo emocional», «salud emocional», «acompañamiento emocional» y un largo etcétera) se han convertido en un tipo de mantra repetido hasta la saciedad, de manera parecida a lo que también empieza a ocurrir con la expresión «salud mental». Puede parecer una buena noticia, y lo es en la medida en que da visibilidad social y mediática a cuestiones vitales que no se tenían en cuenta o a las que no se les daba la importancia que en verdad tienen.

Sin embargo, deja de ser una buena noticia cuando se convierte en una etiqueta que tapa lo que hay detrás. Se habla mucho de ello, pero no se mira ni se profundiza en las carencias y necesidades que estas cuestiones ponen de relieve. Y, mientras tanto, los trastornos no hacen más que crecer y agudizarse, porque no se abordan las angustias y desazones internas que erosionan los paisajes del alma. Nada profundo se cura o se revierte con un *reel* de Instagram ni con un vídeo de TikTok. Mucha gente de bien no es consciente de ello, no se da cuenta de que la banalidad y el desbarajuste actuales alimentan y agudizan los desiertos y las angustias existenciales internas, y que conviene decir basta.

Si hace unos años tuvimos que difundir la necesidad y los beneficios de atender las dimensiones emocionales de la persona, ahora tenemos que alertar de que tan peligrosos pueden ser su desconocimiento, desconsideración y desatención como el mal uso y el abuso actuales, los cuales se derivan de este auge desorbitado. Junto a este abuso, también hay ámbitos en los que el término «emocional» y todo lo que está relacionado con él todavía es tabú, o vuelve a serlo. No señalaré a nadie, pero mi pensamiento apunta hacia determinadas administraciones e instituciones educativas, departamentos autonómicos, ministras y ministros y consejeros de diferentes partidos, así como profesionales de la educación que lo rehúyen por completo o que abominan, despotrican o se mofan de todo lo que tiene que ver con las emociones. Quiero pensar que lo hacen sin ser lo bastante conscientes de que, cuando las emociones y el propio crecimiento emocional nos importan un rábano, significa que también nos importa un rábano nuestra salud integral y la de las otras personas, e igualmente nuestra responsabilidad en la transmisión y la huella emocional que imprimimos a niños, niñas y adolescentes de nuestro alrededor. Y esto es siempre gravísimo, pero mucho más todavía en un momento como el actual, en que aumentan tanto los trastornos de salud mental, muchos de los cuales son ocasionados por desatención, desidia o negligencia emocional, como veremos más adelante. Con la salud no se juega, y hacerlo con la de la infancia o la adolescencia es maltrato y abuso en toda regla.

La transmisión emocional actual: tan poco sana como la tradicional

Puede ocurrir que no haya educación emocional formal o intencionada, pero siempre hay transmisión emocional. Todas las personas del mundo la hemos recibido y recibimos, puesto que su transmisión es inevitable, tanto por parte de la familia como de la escuela y del entorno sociocultural. Sin embargo, gran parte de esta transmisión se produce de manera inconsciente e implícita, y la que hemos recibido la mayoría de la población adulta actual y las generaciones precedentes en nuestra niñez y adolescencia ha sido más domesticadora que saludable.

Venimos, pues, de una transmisión o educación emocional tradicional que, en líneas generales, no ha fomentado la conciencia, la autenticidad, la libertad ni la salud emocional. Sin embargo, a partir de los años noventa, una serie de descubrimientos y constataciones neurocientíficas que encontraron puntos de conexión con aportaciones humanistas previas permitieron establecer las bases para una transmisión, educación y vivencia emocional saludables. Pero, como ya hemos comentado, el auge de las emociones y de todo lo que lleva el calificativo de *emocional* ha llevado a la proliferación de modelos y propuestas de educación para todos los gustos, en muchos casos carentes del rigor y fundamento necesarios.

En este sentido, hemos pasado de una transmisión y una educación emocional tradicional insanas y represoras, que se difundían a través del desconocimiento, la incompetencia, la negligencia o la desconexión emocional adulta, a una multitud de transmisiones y educaciones emocionales actuales también insanas, engañosas o desvirtuadas, que se expanden a través de esas mismas carencias con la ayuda del potente y a la vez incierto altavoz que conforman hoy en día las redes sociales, así como del oportunismo, el autobombo y el relativismo que estas propician.

Empezaré por señalar doce maneras desencaminadas de entender y atender las emociones que están muy extendidas y ocasionan el descrédito de cualquier educación emocional. Esto ocurre porque se equipara, se mezcla y se difunde simultáneamente lo que es verdadero, adecuado y consistente con lo que no lo es, hasta el punto de que resulta imposible distinguir lo uno de lo otro. Para cuidar la salud emocional y mental, conviene que nos concienciemos de su importancia, pero, sobre todo, son necesarias iniciativas y políticas educativas, sociales y sanitarias valientes y decididas, basadas en conocimientos y fundamentos sólidos, que promuevan actitudes, modelos y estilos emocionales saludables y que prevengan los usos desvirtuados, interesados o engañosos que se hacen actualmente de ellas.

12 maneras equivocadas de entender y atender las emociones

Hasta hace poco, las principales diferencias en la manera de entender y atender las emociones y la educación emocional eran las que se daban entre un enfoque de corte más marcadamente cognitivo-conductual, por un lado, y un enfoque más humanista, por el otro. Personalmente, siempre me he sentido más en sintonía con los planteamientos humanistas, aunque he considerado y valorado igualmente los cognitivo-conductuales.

Estas dos tendencias confluyeron y se observaron en uno de los primeros grandes movimientos que impulsaron la educación emocional en nuestro país, el I Congreso Nacional de Educación Emocional, celebrado en Barcelona en el año 2000. A pesar de las diferencias, ambas visiones coinciden en dos aspectos capitales: tienen raíces sólidas en las diversas disciplinas del saber que nutren la educación y la crianza (pedagogía, psicología, filosofía, biología, sociología, literatura, etc.) y siempre han tenido en cuenta los descubrimientos científicos sobre las emociones. Además, promueven la investigación rigurosa y el avance en este ámbito, incluso a veces de manera conjunta y complementaria. Así, las discrepancias entre estos dos enfoques en algunas cuestiones son, más que un motivo de discordia o confusión, enriquecedoras y sirven para poner de manifiesto la complejidad de las dimensiones socioemocionales.

Actualmente, debido en gran medida al acceso masivo a las redes sociales y al nuevo marco de referencia que estas conforman, han surgido una infinidad de «educaciones» y crianzas emocionales que se alejan de las tradiciones académicas reconocidas. Carecen de fuentes contrastadas y referentes claros y están desvinculados de estudios, investigaciones empíricas o trabajos de campo, y, además, en ellos se mezclan ideas de todo tipo y procedencia, lo que lleva a simplificaciones, generalizaciones, equívocos, distorsiones, falsedades e incluso a auténticos disparates.

He identificado doce tipologías desencaminadas o desvirtuadas de transmisión, crianza o educación emocional, que expondré a continuación. No son las únicas, pues seguro que hay algunas más. Son diferentes pero tienen algunas similitudes y puntos de contacto entre ellas, y todas cuentan con suficiente gancho y atractivo para pasar por buenas y verdaderas, a pesar de que en muchos casos no lo sean. Por eso es vital que aprendamos a identificarlas.

Estas doce tipologías proponen visiones erróneas, reduccionistas o sesgadas de las emociones. En apariencia, puede parecer que las acojen y las comprenden, pero en realidad las tapan, reprimen, invalidan, manipulan o quieren cambiarlas de manera automática, instantánea o imposible. Sobre todo en lo que respecta a algunas emociones en concreto, normalmente a las consideradas «negativas», una denominación que no comparto, ya que prefiero llamarlas emociones ingratas, incómodas, difíciles, displacenteras, perturbadoras o dolorosas.

Estas son las doce tipologías desencaminadas o malas prácticas de transmisión y educación emocional que encontrarás explicadas a continuación:

1. Analgésica
2. Antiemocional
3. Profiláctica
4. Mr. Wonderful
5. *Fast food*
6. A base de «tips» o recetas
7. Domesticadora
8. *Saltimbanqui*
9. Ultracientífica o cientifista
10. Ultrasistémica y antisistémica
11. *Emotionalwashing*
12. Modo *influencer*

1. Transmisión o educación emocional analgésica

Hace siglos que impera la transmisión o la educación emocional analgésica. De hecho, la transmisión emocional tradicional ha seguido claramente este enfoque. Sin embargo, la educación emocional que surgió en los años noventa se contrapuso a ella, y por este motivo la analgésica tradicional está menos presente en las redes sociales. Esto no significa, no obstante, que la hayamos superado, pues la tenemos tan interiorizada que funciona como un automatismo y a menudo aún la practicamos, a pesar de que ahora sabemos que no es saludable.

Su principal objetivo es anestesiar las emociones dolorosas. Se trata, pues, de protegernos —y de proteger a los niños y los adolescentes— de cualquier tipo de preocupación o aflicción. Para lograrlo, se emplea cualquier estrategia, desde evitar hablar de duelos y tristezas hasta recurrir a la distracción, la evasión, la actividad constante, la sobreprotección, la desatención o la invalidación del mundo interior, la proyección hacia el exterior o incluso la medicación, que sigue una línea ascendente exorbitante. El consumo de fármacos para evitar el malestar emocional es astronómico y no deja de crecer.

La finalidad siempre es evitar el dolor emocional. Alguien puede preguntarse qué tiene de malo, y la respuesta es la misma que si alguien quisiera evitar siempre y de inmediato cualquier tipo de dolor o malestar físico. Ambos pueden ser síntomas de problemas o disfunciones más profundas, por lo que tomarnos un calmante cada vez que nos duele algo no es una solución adecuada, segura ni definitiva. Hay heridas y dolencias físicas u orgánicas que no pueden adormecerse sistemáticamente y que deben tratarse, ya que no solo no se curan ni cicatrizan solas, sino que anestesiarlas o desatenderlas puede cronificarlas o agravarlas, con terribles consecuencias en algunos casos.

Con el dolor emocional sucede lo mismo que con el físico. No atenderlo puede acarrear graves perjuicios, algo que vemos en el aumento actual de trastornos mentales y alimenticios, y en las autolesiones en niños y adolescentes. En muchos casos, estos problemas tienen un fuerte componente simbólico. Reflejan desiertos emocionales interiores, soledades profundas, miedos existenciales silenciados, heridas del alma o necesidades afectivas y de vinculación mal atendidas, que crecen en la sombra, sin que nos demos cuenta de ello, hasta que estallan cuando ya son graves. Lo que tenemos que evitar no es el malestar o el dolor, que a veces son inevitables, sino que estos se enquisten y deriven en trastornos, lo cual requiere abordarlos, no anestesiarlos.

2. Transmisión o educación emocional antiemocional

Aunque pueda sonar contradictorio que haya transmisiones o educaciones emocionales antiemocionales, existen. De hecho, la transmisión analgésica lo es, igual que también lo son todas las que menosprecian determinadas emociones y se centran en combatirlas sea como sea. Podríamos decir que este tipo de transmisión o crianza emocional quiere eliminar las denominadas emociones «negativas».

Sin embargo, mientras que la educación emocional analgésica busca evitar sobre todo la tristeza y el dolor, la antiemocional pretende eliminar también el miedo, la rabia y todas las emociones derivadas de ellas, incluso a veces algunas maneras de vivir y de expresar el amor o la alegría. Otra gran diferencia entre ambas transmisiones es que la analgésica emplea estrategias de evitación para ignorar o silenciar las emociones dolorosas e ingratas; es decir, no se habla de ellas y punto. La antiemocional, en cambio, no las rehúye, sino que las aborda, pero lo hace con el objetivo de invalidarlas, censurarlas o cambiarlas por otras de signo contrario. Así, por ejemplo, pretende sustituir cuanto antes la tristeza por la alegría, la rabia por la calma, la ansiedad por la confianza o el miedo por la valentía, como si este cambio fuera siempre posible y automático.

Podemos reconocer este tipo de educación antiemocional de dos modos. Por un lado, porque sus mensajes van a menudo precedidos por un «no»: no tengas miedo, no llores, no te enfades, no te preocupes. Por el otro, porque invitan a deshacerse de estas emociones con frases del tipo: libérate de la ansiedad, de la rabia, vive sin miedo o sin tristeza. Para ello, recurre a estrategias parciales que actúan solo en un plano mental, como por ejemplo argumentos racionales y consignas verbales o bien se ciñen exclusivamente al movimiento corporal o ejercicios físicos que no tienen en cuenta el psiquismo ni el sentir interno de la persona, y que incluso lo contradicen.

Dado que querer transformar o trascender las emociones ingratas es un objetivo absolutamente natural y legítimo, es muy fácil caer en una transmisión emocional antiemocional si no se comprende profundamente la estructura intrapsíquica de la persona y no se acepta su vulnerabilidad. Existen escuelas y abordajes psicoterapéuticos obsesionados, por ejemplo, con cambiar la rabia por gratitud; a pesar de que lo primero que hay que hacer con la rabia es reconocerla y aceptarla. Y, si persiste, lo más saludable es practicar una autocompasión humilde por sentir rabia en lugar de amor o gratitud. Saber acogerla, por ingrata que sea, es un acto honesto y bondadoso, que acostumbra a tener efectos mitigadores.

3. Transmisión o educación emocional profiláctica

Este tercer tipo de transmisión y educación emocional se caracteriza por un planteamiento exclusivamente preventivo, por lo que su objetivo principal es evitar cualquier riesgo, conflicto o perturbación interna. Por ello, entiende la educación emocional como una herramienta de prevención de cualquier contrariedad o malestar emocional.

Hay que decir a su favor que, sin duda, la transmisión emocional debe tener una dimensión preventiva y ser un factor de protección frente a trastornos, perturbaciones y conflictos. Sin embargo, no debe centrarse tan solo, ni en mayor medida, en la prevención. El acento, en cambio, hay que ponerlo en promover la salud más que en evitar la «enfermedad», en favorecer una vivencia emocionalmente saludable más que en evitar malestares que no siempre pueden evitarse, lo cual ya es en sí mismo un factor proactivo de prevención inespecífica.

Es un reduccionismo lamentable tener que recurrir a datos de drogadicción, suicidio, *bullying*, violencia, ansiedad, depresión, autolesiones o trastornos mentales para justificar la educación emocional. Disponemos de informes internacionales[2] que confirman que la educación emocional tiene efectos preventivos sobre la violencia y las conductas de riesgo, también destacan sus grandes beneficios en el bienestar personal o social, la salud física y psíquica y el desarrollo integral, y es en dichos aspectos en los que hay que poner el foco. En este sentido, se ha visto que los países que promueven la educación emocional incrementan los niveles de motivación, autocontrol y bienestar de la ciudadanía. Su propósito principal tiene que ser, pues, más proactivo y proventivo que preventivo, y orientarse a promover una vida, una convivencia, unas relaciones humanas y una educación saludables, ya que así se previenen también la enfermedad o la violencia.

El deseo de estar bien tendría que ser más poderoso que el miedo a estar mal. Aprender a sentir de manera sabia y saludable lo que sea que sintamos me parece más acertado y alentador que huir de lo que no queremos, no sabemos o no nos gusta sentir. Como decíamos ya hace unos años con Darder, la educación de las emociones no puede plantearse como una fórmula o un remedio de urgencia para prevenir o evitar determinados conflictos y problemas psicológicos de la población actual, sino como una plena humanización y un pleno desarrollo de potencialidades humanas.[3]

4. Transmisión o educación emocional Mr. Wonderful

Este tipo de transmisión emocional, que también podría denominarse *Don't worry, be happy*, es habitual encontrarlo en frases estampadas en tazas, camisetas, pósteres, calendarios y objetos diversos. Se basa en el fomento del pensamiento positivo y pretende positivizarlo todo. Por eso, destaca lo dichoso y esconde lo amargo, resalta lo que tienes e ignora lo que te falta, mira la luz y rehúye las sombras. Propugna que todo tiene una parte buena, y se ciñe a ella. Pretende, pues, eliminar con positividad las emociones ingratas y cualquier sufrimiento. Sin embargo, al final distorsiona la realidad, ya que se centra solo en la cara amable y desatiende el sentir interno de la persona, en el que hay miedos, tristeza, impotencia, rabia y frustraciones que se obvian.

Cuando la vida nos hiere, es natural sentir emociones desagradables, aunque haya cosas que nos vayan bien. El pensamiento Mr. Wonderful, no obstante, cree que las emociones ingratas son negativas, y fruto de interpretaciones equivocadas de los hechos. Dictamina que sufrimos por nuestra visión desenfocada o por falta de actitud, y quiere ahorrarnos o eliminar el malestar con mensajes positivos que pretenden ocultar o silenciar el sentir real y que a menudo no tienen ninguna base. Determinadas ideas de la psicología positiva, que adoptamos como grandes verdades, resulta que son erróneas. Se ha demostrado que algunas se sustentan en estudios que tienen errores estadísticos o matemáticos de base, como en el caso de la teoría que asegura que las autoafirmaciones positivas te motivan, te activan y te hacen sentir mejor. Gabriele Oettingen, profesora de psicología de las universidades de Nueva York y de Hamburgo, replicó el experimento en el cual se basa dicha idea y demostró que, al contrario de lo que se creía, pueden promover el efecto inverso, como bien explica Ramón Nogueras en una TED Talk reciente.[4]

La moda del pensamiento positivo transmite la idea de que la vulnerabilidad, que es en esencia humana y humanizadora, es negativa, vergonzosa o indeseable, lo cual es desalmado, porque darle la espalda no hace que desaparezca, sino que nos deja a solas con ella. A este respecto, el psicólogo clínico Buenaventura del Charco asegura que «el pensamiento positivo es un pensamiento cruel, cobarde, falso y enfermizo, que nos hace sentir culpables de provocarnos nuestro propio malestar y hace que experimentemos niveles de malestar todavía mayores. (…) Si una persona está jodida, bastante tiene para que además le hagamos sentir culpable y la hundamos un poco más por ser 'negativa'. (…) Todo este movimiento rosa y cursi está robando a la gente el poder pedir consuelo, el romper un día a llorar y necesitar que alguien le acompañe en su llanto, sin que le recrimine o reproche que tenga una actitud más positiva».[5]

Tratar de positivizarlo siempre todo es insano y, además, imposible. Si no lloras por haber perdido el sol, las lágrimas no derramadas te empañarán la mirada y tampoco te dejarán ver las estrellas. Cuando la vida te da limones, no siempre puedes hacer limonada. Y, si tienes la suerte de poder hacerla, no tengas prisa y tampoco te fustigues si no te queda lo bastante dulce. Si tienes una neumonía, no se te va a curar descuidando los pulmones y centrándote en el resto de los órganos que te funcionan bien. Afirmar que una enfermedad grave o quedarse sin trabajo son sinónimos de grandes oportunidades puede ser tremendamente inoportuno, desconsiderado y hasta obsceno. No todo puede positivizarse, y menos de inmediato. Hay situaciones que, con suerte, y con tiempo, podrás reinterpretar de manera positiva, pero con otras costará más o quizá no podrás. Según la periodista norteamericana Barbara Ehrenreich, «el pensamiento positivo es una dictadura, una broma de mal gusto, un peligro».[6] Mucho cuidado, pues, porque puede llevar a autoengaños que nos desconectan de la realidad, y la caída puede ser más alta y más dolorosa.

5. Transmisión o educación emocional *fast food*

Este tipo de transmisión cocinada de manera rápida, que se nos ofrece lista para consumir o llevar, de ahí que la profesora y especialista en innovación educativa Montse Jiménez la denomine también «educación emocional *take away*». En vez de cocinarnos nosotros mismos las soluciones, pedimos que nos las sirvan a domicilio o las «compramos» en cualquier sitio y las engullimos en un santiamén. Es posible que el menú resulte apetitoso y sabroso, pero hay que tener cuidado, porque puede estar repleto de sucedáneos y edulcorantes, y carecer de ingredientes de calidad, por lo que no contribuye a una dieta saludable. Así pues, puede momentáneamente llenar y saciar, distraer o calmar el hambre, pero puede que no alimente y que sea difícil de digerir.

Un ejemplo de la transmisión *fast food* es cuando repetimos, como loros, aforismos o máximas que no son el resultado de nuestra experiencia personal y que, por tanto, no tenemos integradas internamente. También cuando creemos que para conocer y dominar las emociones basta con mirar un vídeo, leer un libro o artículo, o asistir a un curso. Otro ejemplo es buscar orientación o ayuda psicoterapéutica de manera urgente y con expectativas irreales o desmesuradas. Exigimos soluciones rápidas procedentes de fuera, sin ninguna disposición a revisar qué nos sucede por dentro ni a emprender ningún proceso personal o transformar nuestros hábitos de vida o las relaciones. Buscamos que nos confirmen lo que queremos oír, esperamos que nos digan que la «culpa» es de otro o que se nos den soluciones sin que nosotros tengamos que cuestionarnos ni cambiar nada. «¿Os imagináis que fuéramos al mecánico porque se nos encendiera una lucecita en el coche y le pidiéramos que nos arreglara la luz, pero que ni se le ocurra mirar el motor? Pues esto es lo que hacemos muchas veces cuando tenemos algún problema en nuestra vida personal, familiar o profesional», reflexionaba con Cecilia Martí hace un tiempo.[7]

En el campo de la psicología y las emociones, hay profesionales y corrientes que promueven este tipo de transmisión y psicoterapia *fast food* o *take away*. Ofrecen alimento emocional de cocción instantánea, a punto para consumir, que quizá tenga buena pinta, pero no contiene los nutrientes necesarios ni produce los efectos prometidos o deseados. La educación emocional Mr. Wonderful que ya hemos visto, tiene, de hecho, un componente de *fast food,* igual que también otras que veremos a continuación. Pero es un planteamiento erróneo, porque en crecimiento personal no existe el «dicho y hecho», casi nada alimenta de verdad si se cocina fuera y deprisa y corriendo. Si se aceleran los procesos, se adultera la esencia natural de la transmisión emocional, que requiere una cocción lenta y personalizada.

6. Transmisión o educación emocional a base de *tips* o recetas

Este sexto tipo se centra exclusivamente en el *cómo*. Lo que más le interesa es cómo educar las emociones en la práctica, cómo hacerlo en el día a día y qué pasos concretos hay que seguir. El porqué y el para qué quedan en segundo plano, y los conocimientos sobre las emociones, sus fundamentos y su propósito y sentido último se descuidan o directamente se ignoran.

Este planteamiento instrumental lo reduce casi todo a una lista de recetas o *tips*: «10 *tips* para desarrollar la autoestima», «5 *tips* para gestionar la rabia», «7 *tips* para generar vínculos saludables»..., un tipo de enunciados que son tendencia en las redes sociales y en los medios de comunicación actuales, donde se sirven listos para un consumo rápido. Este modelo de transmisión emocional enlatada y despersonalizada tiene claras connotaciones *fast food*. Al final nos hartamos de *tips* que tal vez son atractivos y efectistas, pero que no dejan poso porque les falta contexto y profundización.

Los *cómo* son sin duda importantes, pero poco efectivos si no los acompaña el *qué*, el *porqué* y el *para qué*. De hecho, los *cómo* surgen de manera intuitiva cuando los fundamentos y los propósitos están claros. La transmisión emocional más poderosa tiene más que ver con la mirada, el sentido, los sentimientos y las actitudes que acompañan a nuestras palabras y acciones que con las palabras y las acciones en sí mismas.

En el ámbito escolar, la obsesión por las maletas didácticas y los cuadernos de actividades responde a esta visión utilitarista de la educación emocional, muy solicitada por docentes que renuncian a emprender un camino de transformación personal y que no la consideran un aprendizaje vital ni la quieren para mejorar el acompañamiento educativo, sino tan solo para que el alumnado moleste menos y rinda más.

A pesar de esto, no digo que las propuestas didácticas no sean válidas. Pero, para que sean útiles, las herramientas y los *tips* deben apoyarse en bases y contenidos sólidos, tener un horizonte de sentido claro y unir teoría y práctica. Cuando no es así, pueden ser infundados, reduccionistas, ineficaces, arriesgados e incluso engañosos o peligrosos. Si lo trasladamos a campos como la medicina, la aeronáutica, la química o la mecánica, esto se vuelve evidente, ¿por qué tendría que ser diferente en el caso de las emociones, que influyen de un modo tan determinante en la salud personal y social?

7. Transmisión o educación emocional domesticadora

Este tipo de transmisión emocional es una de las más desvirtuadas y perversas, pues instiga o atiza determinadas emociones en personas y colectivos diversos en función de unos intereses muy particulares. Es muy habitual. En líneas generales, podemos afirmar que «somos una generación de personas emocionalmente domesticadas».[8]

Uno de los métodos de domesticación emocional intencionada, muy presente en economías de mercado como la nuestra, es el *neuromarketing*, que estudia las reacciones del comprador para inducirlo a adquirir unas marcas y productos concretos, a menudo superfluos e innecesarios. Otro ejemplo son los titulares sensacionalistas de medios digitales que redirigen a páginas de ventas o de registro de datos personales.

Existe otra educación emocional domesticadora, también fruto del capitalismo, pero cuyas connotaciones son aún más insidiosas y subyugadoras: la que nos «adiestra» en las emociones adecuadas para que sigamos las directrices que se nos marcan, obedezcamos sin cuestionar, no molestemos, nos integremos al sistema y rindamos o produzcamos más. Los poderes políticos y económicos usan este tipo de estrategias de manera deliberada, y a menudo familias, escuelas y sociedad en general caemos en ellas.

En este sentido, la neuropsiquiatra infantojuvenil chilena Amanda Céspedes advierte que el interés en la educación socioemocional es muchas veces «una manera más de conseguir un ajuste efectivo al sistema y a la obediencia social, sin considerar aspectos como la autenticidad, la compasión o el autoconocimiento. Educamos las emociones para que no entorpezcan en la fabricación del adulto que queremos fabricar, para un encaje laboral, económico y social en el sistema».[9] El pensamiento positivo a ultranza es otra forma de domesticación. Si algo te va mal, es porque hay un problema en tu forma de pensar o afrontar las situaciones, no en la sociedad ni el sistema. Piensa de manera adecuada y te adaptarás, y no darás problemas.

La psicóloga Elisenda Pascual nos aclara que «la crianza respetuosa no es un camino de domesticación consciente. No es hacer bonito el patrón de supeditación, programación o modelado a nuestro gusto y similitud. Domesticar la libertad personal del niño es un error y buscar técnicas respetuosas para que obedezca es disfrazar la coacción, el chantaje y el castigo para no sentirnos mal, buscando el mismo resultado».[10] Asegurémonos, pues, de no continuar domesticando igual que antes, aunque ahora sea con unas formas más amables y sutiles.

Todas las transmisiones anteriores, desde la analgésica hasta la *fast food*, implican altos niveles de domesticación. Por eso es vital aprender a identificarlas, para poder evitarlas y promover una transmisión emocional que respete la esencia y el sentir de cada persona y que legitime y acoja todas las emociones.

8. Transmisión o educación emocional *saltimbanqui*

Imaginaos a una o un gurú subido a un escenario, agitando las emociones de la multitud, mientras un público enardecido lo aclama y se rinde a cualquier consigna o propuesta que les lanza. Esta imagen es representativa de una transmisión emocional con componentes sectarios, que es domesticadora y alienante, puesto que fomenta la obediencia, la copia, la imitación y la repetición. Como dice Consuelo Martín, «todo acto de seguimiento es un acto de inautenticidad y de esclavitud».[11] Llevada a las últimas consecuencias, como en el caso de las sectas, es la transmisión emocional más peligrosa que existe.

Sin llegar a estos extremos, existe otro tipo de transmisión con ciertos tintes sectarios: la *saltimbanqui*. En este caso, las emociones se convierten en un circo y la transmisión emocional, en un espectáculo. Educar emocionalmente equivale a saltar, bailar, cantar, moverse, reír, llorar, jugar, abrazarse, excitarse. Estas actividades pueden ser muy saludables cuando su objetivo es generar una neuroquímica cerebral positiva, pero no cuando solo buscan anestesiar emociones desagradables o perturbadoras. Tampoco es sano cuando reducen la transmisión emocional a una serie de actividades lúdico-festivas que, aunque provocan un impacto emocional intenso, es efímero y superficial. E igualmente no lo es que el movimiento te saque fuera de ti, pero sin mover nunca nada internamente, ni que dicho movimiento evite o enmascare por sistema lo doloroso y adverso con chutes al estilo Mr. Wonderful.

Es innegable que «promover, cultivar y practicar emociones bonitas como el amor, alegría, ternura, gratitud, belleza, confianza, esperanza y cualquier otra que nos acaricie por dentro es una buena manera de calmar las emociones ingratas».[12] Sin embargo, no será efectivo si se dejan al margen el dolor, el pánico o el vértigo que a veces conlleva vivir. Por un lado, porque la salud emocional y la humanización son misión imposible si no aprendemos a transitar por las emociones difíciles. Por otro, porque así nos volvemos adictos a los impactos emocionales positivos, y, dada su fugacidad, necesitamos constantemente más y más. Esto nos conduce a un consumo compulsivo de subidones, a buscar un *fast food* emocional permanente, a necesitar lo que Lacroix denomina «un carrusel de sensaciones fuertes que lo que hace es anestesiarnos la sensibilidad, de tal manera que, aunque nos emocionemos, no sentimos realmente, o, al menos, no nos conduce a sentimientos realmente transformadores».[13]

9. Transmisión o educación emocional ultracientífica o cientifista

Empiezo subrayando el prefijo *ultra-*, pues las precauciones no deben dirigirse hacia lo científico, sino hacia lo ultracientífico o cientifista. Lo *ultra-* acostumbra a ser extremista, fanático, radical, totalitario, dogmático, desmesurado, características nada saludables, ni en el caso de las emociones ni en cualquier otro.

La sabiduría va más allá del saber científico. Dice el prestigioso cardiólogo Valentí Fuster que «la ciencia es medida. Lo que no se puede medir no es ciencia. Lo que no es cuantificable no cuenta. No obstante, los valores humanos no medibles ni cuantificables son vitales. Las estadísticas no incluyen todo lo que es vital. La constatación empírica y la metodología científica son muy importantes, no las cuestionamos. Pero muchos científicos son arrogantes, creen que solo la ciencia puede dar explicación a todo y en realidad la ciencia sabe muy poco. La sabiduría es mucho más que la ciencia, incluye la visión de la vida, y la visión vital no es cuantificable».[14]

Los descubrimientos científicos aportan luz y criterio, y son, de hecho, los que han dado el impulso actual a las emociones y nos permiten hablar de ellas y acompañarlas con rigor y conocimiento. Por eso, cualquier abordaje de las emociones tiene que contemplarlas y tener presentes a la vez sus limitaciones. Porque, como nos recuerda el psicólogo Jaume Funes, «al lado de las evidencias empíricas, que la mayoría de las veces reducen a algunas variables matemáticamente correlacionadas la complejidad de vivir y sufrir, hay la evidencia humana, que también tiene que ser escuchada y recogida con rigor y coherencia».[15] Los planteamientos ultracientíficos, no obstante, no contemplan la evidencia humana, que diverge a veces de la científica y no siempre puede ser recogida por ella. Jordi Amenós, especialista en narrativa terapéutica, nos alerta de las consecuencias de los fanatismos, entre los que se encuentra el cientifismo voraz, y nos advierte que cuando lo ocupa todo, niega otras miradas, nos aparta de la escucha interna y nos roba la dimensión imaginativa, simbólica y mito-poética del alma, que es el primer gran idioma del niño y el que puede rescatarnos de la aridez interna, aliviarnos las heridas y devolvernos a la vida.[16]

En el camino de la madurez personal y la humanización, las verdades más profundas no pueden ser dictadas desde fuera, sino que tienen que florecer dentro. Sin duda, también deben poder sustentarse fuera e inspirarse en el conocimiento, el estudio, el saber y la ciencia, pero, según Consuelo Martín, que fue doctora en filosofía en la Complutense, las verdades más profundas son actos de creación personal «y no pueden darse las mismas instrucciones para que todo el mundo las repita. La verdad personal nace a cada instante y cada ser humano tiene que inventar su propia manera de ser consecuente con su verdad interior».[17]

10. Transmisión o educación emocional ultrasistémica y antisistémica

Uso de nuevo a los prefijos *ultra-* y *anti-* para señalar un tipo de transmisión emocional inevitable: la sistémica, y diferenciarla así del abuso y mal uso que se hace de este planteamiento, tanto desde abordajes favorables como contrarios.

La educación emocional sistémica pone el foco en la huella emocional de los vínculos que nos constituyen, principalmente los familiares, que considera los más relevantes de nuestras vidas y la fuente originaria de gran parte de nuestras emociones, pensamientos, creencias y comportamientos. El impacto de los hechos emocionalmente significativos de nuestra historia familiar influye, sin duda, en el tipo de educación emocional que recibimos, en los niveles de conciencia, resiliencia, madurez y bienestar emocional que alcanzamos, así como en las actitudes que adoptamos ante la vida y en las relaciones con otras personas, más allá de la propia familia.

Así, la huella emocional de los hechos familiares, tanto si ha sido traumática como si se ha sanado, está presente en nuestro contexto familiar como una especie de aroma o perfume que respiramos y nos impregna, aunque no hayamos vivido esos hechos en concreto ni hayamos oído a hablar de ellos. Bertold Ulsamer, doctor en derecho y psicólogo, considera que «la familia es un sistema o campo energético compacto. Todos los asuntos reprimidos por sus miembros no se desvanecen en el aire, sino que rondan en el sistema familiar. Los hijos perciben las energías, las guardan y las viven. De este modo, forman un entramado con sus antepasados y retoman sus puntos de vista, sentimientos y destinos. No obstante, no todos los hijos se encuentran vinculados del mismo modo con sus antepasados».[18]

Hay abordajes ultrasistémicos, fanáticos de esta mirada, que la convierten en dogma de fe, que asocian cualquier emoción a los vínculos con los padres y los antepasados, y que incurren en comportamientos sectarios, adoctrinamientos y determinismos, incluso en profecías y profanaciones emocionales del campo familiar. También existen, en el otro extremo, planteamientos antisistémicos que combaten este enfoque y se oponen a él con idéntico radicalismo. Ninguna de las dos posturas me parece apropiada: la transmisión sistémica no puede ser ni sacralizada ni obviada, porque influye en nuestros patrones de funcionamiento y puede ayudarnos a comprendernos y a deshacer determinados nudos emocionales. De hecho, hoy en día empieza a tenerse en cuenta desde el campo de la psiquiatría, dado que, en palabras de Boris Cyrulnik, «se ha demostrado que un impacto psíquico grave se puede transmitir a diversas generaciones a través de las modificaciones denominadas epigenéticas».[19] Conviene, pues, tenerla presente, aunque sin adoración ni repulsión.

11. Transmisión o educación emocional *emotionalwashing*

Al igual que existe el *greenwashing*, o lavado de imagen verde, mediante el cual muchas empresas tratan de convencernos de que son organizaciones responsables, con conciencia ecológica, que cuidan el medioambiente y que ofrecen productos sostenibles, también hay un fenómeno de *emotionalwashing*, es decir, un lavado de cara emocional. A través de él, diversas instituciones y personas quieren hacernos creer que son emocionalmente conscientes y responsables, y que se preocupan por las emociones.

Del mismo modo que ocurre en el caso de la transmisión y la educación emocional domesticadora, que puede ser tanto consciente e intencionada como inconsciente y sin mala fe, también hay quien usa el término «emocional» por intereses particulares muy determinados, ya sea con fines de *marketing* o para controlar al personal, y quien cree que así potencia el desarrollo emocional propio o de otras personas, aunque la realidad no sea esa.

Algunas de las prácticas más manipuladoras de *emotionalwashing* se dan en empresas que implementan iniciativas y actividades aparentemente diseñadas para promover la salud emocional, el bienestar y la cohesión de grupo. Sin embargo, su propósito real es ofrecer una buena imagen corporativa, aumentar el rendimiento y la productividad o sonsacar información emocional confidencial del personal. Por eso, hay miembros de multinacionales que asocian cuidar el bienestar emocional a prácticas perversas de este tipo y que, como es lógico, no quieren saber nada de él. En contextos laborales, es fundamental abordar estas cuestiones con la misma delicadeza que en el caso de familias y escuelas para evitar que ninguna persona se sienta expuesta o vulnerable en su intimidad emocional, y esto pueda utilizarse en su contra y causarle perjuicios.

Por otro lado, hay quien vende la moto de que con una conferencia o un curso de treinta horas se puede enseñar o aprender a *gestionar* las emociones de manera serena, empática, asertiva y saludable. Esto es puro ilusionismo o, directamente, una estafa. Aunque es cierto que el conocimiento, la reflexión y la práctica que podemos adquirir en formaciones puntuales pueden impulsar una sensibilización y un despertar a la vivencia emocional, ayudarnos a ser conscientes de determinadas emociones y patrones de respuesta o proporcionarnos algunas herramientas y recursos útiles, nadie se convierte en una persona emocionalmente madura en un abrir y cerrar de ojos, y las heridas o dificultades emocionales tampoco se superan de la noche a la mañana. En mis años de experiencia, no he visto ningún milagro así. También hay quien se pone a enseñar sin la titulación o la formación necesarias, y quien cree que «vale más poco que nada». Sin embargo, este «poco» equivaldrá a nada si no tiene continuidad, y puede ser peor que nada si es engañoso o inconsistente, y sin duda es insuficiente para etiquetar a una persona u organización de emocionalmente responsable.

12. Transmisión o educación emocional modo *influencer*

Este tipo de transmisión es la actual número uno de este top doce, pero la he dejado para el final porque a menudo aglutina y supera las carencias y los despropósitos de todas las anteriores. Se trata de la transmisión emocional típica de *influencers*, *youtubers*, *instagrammers*, *tiktokers* y todo tipo de *charlataners*. La *saltimbanqui* implica no parar de hacer o moverse y esta no parar de charlar. No obstante, como siempre, no se puede meter todo en el mismo saco. Algunas de estas transmisiones emocionales son de nivel y ofrecen contenido bueno, consistente y recomendable, mientras que una cantidad descomunal se reduce a verborrea, postureo, exhibicionismo o autobombo. Solo hace falta entrar en Instagram, hacer *scroll* y *voilà*: hallarás no un circo, sino millones de circos o multicircos simultáneos, sin interrupción, abiertos 24/7. El espectáculo ya no solo son las emociones, «es la conversión de la persona en espectáculo, que amenaza el concepto mismo de un yo auténtico y sustancial»,[20] como dice Kenneth Gergen en *El yo saturado*.

En este sentido, se trata de un tipo de transmisión narcisista, orientada a la autopromoción, que exacerba «la inflación y la idolatría del yo»,[21] en palabras del psicólogo clínico y psicoanalista José Ramón Ubieto. Resulta bastante presuntuoso pensar que todo el tiempo tengo cosas interesantes que decir y que, además, el resto del mundo necesita que se les diga. Detrás de esto suele esconderse un autoengaño mayor. Probablemente no sean los *followers* quienes me necesitan, sino yo quien los necesita, quien no puede vivir sin mostrarse, sin esta exaltación del yo, sin esta droga del *like* o sin la oportunidad de negocio que las redes sociales me brindan.

No obstante, hay carencias aún más preocupantes. La primera es su superficialidad, inconsistencia y altivez. Muchos *influencers* no citan nunca ninguna fuente ni estudio, y gravitan solo alrededor de sí mismos. Por ejemplo, hay una *influencer* de crianza emocional que no incluye citas ni referencias bibliográficas en ninguno de sus libros. Centenares de páginas sin citar a nadie son sospechosas de que o has copiado ideas ajenas o incurrido en la arrogancia de no conocer o no reconocer a quienes te han precedido.

La segunda carencia es que provocan el «secuestro de la atención», como lo denomina Ubieto, con el consiguiente daño colateral a la lectura: «Promueven la supresión del tiempo para comprender, pasan del instante de mirar al momento de concluir, sin una reflexión».[22] La lectura, en cambio, sí que permite detenerte, reflexionar y dar un sentido a lo leído. Pero si la rueda de las redes me tiene atrapada, puedo pensar que con un vídeo de un par de minutos tengo suficiente para hacerme una idea rápida de todo y, en consecuencia, puedo acabar leyendo menos -o no leyendo- y no profundizando en nada.

El tercer problema es usar el número de *followers* como medida de credibilidad, autoridad y veracidad. «Come mierda, que un millón de moscas no pueden estar equivocadas». El cuarto, que estos comprimidos virtuales instantáneos, a menudo superficiales y sin suficiente rigor que se nos ofrecen desde las redes, están empezando a sustituir a la formación continua, presencial y de mayor profundidad, que comporta una interacción más cercana y pide un mayor compromiso. Y la quinta, es que son la tormenta perfecta para hablar de emociones sin tocar demasiado las propias, para salirnos por la tangente, desconectarnos y evadirnos de nosotros mismos, conectados como estamos al metaverso. Mucho me temo que lo que acabará por cargarse nuestra salud, la lectura, los libros, la conversación pausada, el contacto directo, lo que nos acaricia y nos enriquece por dentro, y la humanidad entera, no será la IA que tanto nos inquieta, sino nuestra limitada inteligencia emocional.

Acabo este recorrido por doce educaciones emocionales distorsionadas haciendo mención del tratamiento psicoterapéutico de las emociones, que es bueno y necesario pero se tiene que circunscribir a unos ámbitos muy determinados, puesto que es arriesgado introducirla en contextos donde no toca, como por ejemplo el escolar. La educación emocional es tarea de la escuela pero la psicoterapia no. Educadoras y educadores tienen que saber ver a la persona en toda su integridad y en todas sus dimensiones, y cuidar la emocional como eje vertebrador de un crecimiento sano. Así mismo, conviene que sepan identificar posibles desórdenes, carencias o heridas, a fin de poder derivarlas donde corresponda y acompañarlas saludablemente, pero no es responsabilidad suya hacer diagnósticos ni tratamientos psicoterapéuticos.

PARTE II

2 grandes disparates y 30 malentendidos y falsedades sobre las emociones y la educación emocional

2 grandes disparates emocionales

El primer gran disparate en torno a las emociones, su transmisión y educación es negar su importancia vital. Podemos no estar de acuerdo con determinadas formas y planteamientos de educación o de transmisión emocional, como los doce que he expuesto en la primera parte. Sin embargo, resulta innegable la relevancia de las emociones para la salud, la madurez, la convivencia en paz, el bienestar e incluso el aprendizaje. Las emociones influyen en todo y lo que tiene que ver con ellas y con el bienestar emocional no es pseudociencia. Que haya abordajes poco serios o carentes de fundamento no significa que no lo tengan. La neurociencia y la psiquiatría cuentan con más que suficientes estudios y evidencias empíricas que demuestran su repercusión en la mayoría de conductas, decisiones, relaciones y conflictos humanos, así como en algunos trastornos y enfermedades. Ignorar esta realidad denota un punto de ignorancia, arrogancia o desidia —prefiero no atribuirlo a la mala fe—, y además implica una desatención flagrante a las necesidades y los derechos de la infancia.

Puedes tener diferentes razones para no ocuparte de tus emociones, pero si tu vida o tu tarea tienen alguna repercusión en niños y adolescentes, no hay excusa que valga. Eres responsable de tu salud emocional porque afecta y condiciona la suya, punto. Si, por cualquier motivo, no eres capaz o no estás en condiciones de este acto de generosidad que supone cuidarte para cuidar, entonces, cuanto menos debes tener la humildad de reconocerlo y de pedir ayuda, o dar un paso al lado y contenerte cuando sea necesario. Puedes justificar no hacerlo por ti, pero no es justificable no hacerlo por el tesoro humano más preciado y la semilla de esperanza más poderosa que hay en el mundo: los niños y niñas y jóvenes. Y menos aún en un momento tan frágil y convulso como el actual. «Siento que hemos perdido la brújula política, estamos desamparados, sin alguien que defienda de verdad a una infancia cada vez más débil y a menudo criticada por parte de una sociedad que opta por leer las estridencias y las canalladas, explicadas por personas que la desconocen y sostenidas por medios de comunicación ansiosos de titulares a cualquier precio»,[23] nos alerta Mar Hurtado desde la presidencia de la Asociación de Maestros Rosa Sensat, que ella denomina a menudo «el sindicato de la infancia».

Detrás de las violencias y adicciones de todo tipo; detrás de las guerras, los extremismos, los totalitarismos, el *bullying*, el *mobbing*, el ciberacoso, el *sexting*, el *grooming*, el *vamping* y de otros *-ing* que podríamos añadir; detrás de determinados malestares, disfunciones, enfermedades, autolesiones y trastornos mentales o alimentarios como la anorexia y bulimia; detrás de la mayor parte de los conflictos humanos y relacionales; detrás de cualquier sentimiento perturbador y de cualquier conducta insana o dañina puede haber casuísticas diversas y complejas. Sin embargo, siempre, absolutamente siempre, hay algún tipo de carencia o desorden emocional subyacente, en general originado en la niñez, ya sea por falta de atención o por una atención deficiente en salud, amor, presencia, ternura, delicadeza y otras virtudes similares que nunca tendrían que significar ausencia de límites ni tampoco sobreprotección (aunque esto es harina de otro costal).

Las emociones están presentes en todo y repercuten en todo, y de nosotros depende que lo hagan de manera saludable o, al contrario, de forma dañina. Expresado poéticamente y en positivo, suena tan bonito y concluyente como este proverbio:

> Si hay luz en el alma, habrá belleza en la persona;
> si hay belleza en la persona, habrá armonía en casa;
> si hay armonía en casa, habrá orden en la nación;
> si hay orden en la nación, habrá paz en el mundo.

Tenerlo tan claro, sin embargo, no nos exime de cometer un segundo gran disparate. Una vez que reconocemos la importancia capital de las emociones, el siguiente gran error de base, que, además, origina otros muchos, es centrar su educación y aprendizaje en diseñar currículos y dinámicas en lugar de en revisar actitudes, formas de relación y estilos de comunicación y plantear muchas actividades y acciones superficiales y estandarizadas, en lugar de pocas actividades, en profundidad y adaptadas a casa persona, situación y contexto. Promovemos lo que Andreas Schleicher, director de Educación de la OCDE y creador de las pruebas PISA, define como «aprendizajes que tienen un kilómetro de largo, pero solo un palmo de profundidad».[24] Esta manera equivocada de abordar las emociones y el crecimiento emocional es la resultante de un montón de confusiones, falsedades y disparates que perpetúan sociedades emocionalmente inmaduras o enfermas, a pesar de toda la educación emocional que impartimos. No llegaremos a ninguna parte con mucha cantidad, pero tan poca calidad y profundidad.

Para contribuir a aclarar el término *emocional* y conferirle la buena reputación que merece, en esta segunda parte del libro encontrarás treinta de los malentendidos, falsedades o disparates más habituales; quince hacen referencia a las emociones y quince a la transmisión, educación o crianza emocional. Primero presentaré la idea o creencia errónea y luego ofreceré la alternativa que considero más adecuada.

15 malentendidos y falsedades sobre las emociones

✗

La tristeza, el miedo, la ansiedad, la rabia, el desánimo y todas las emociones ingratas o desagradables son emociones negativas.

✓

La tristeza, el miedo, la ansiedad, la rabia, el desánimo y todas las emociones humanas, tanto si son ingratas como gratas, pueden ser positivas o negativas según cómo las vivamos y afrontemos.

Qué simplificación tan grande dividir las emociones en positivas y negativas. Es un apriorismo que no comparto. Todas las emociones pueden ser positivas o negativas, todas pueden ser aliadas o enemigas, maestras de vida o convidadas de piedra. Todas tienen una versión saludable y otra que no lo es, un lado luminoso y otro más o menos oscuro; todas pueden tener consecuencias positivas o negativas. Sin embargo, esto depende más de nuestra manera de vivirlas y afrontarlas que de la emoción en sí misma. Hay rabias constructivas, miedos que salvan, tristezas que arrullan, alegrías que ofenden y amores que matan. Por eso, me parece más preciso, fidedigno y genuino «hablar de emociones agradables o ingratas, difíciles o fáciles, complejas o sencillas, perturbadoras o regeneradoras, sanas o insanas»,[25] así como de emociones gozosas o dolorosas, placenteras o displicentes.

Considero más productivo y eficaz dedicar el tiempo a tratar de comprender qué hay detrás de una emoción, qué mensajes cifrados contiene y qué necesidades o carencias esenciales revela que perderlo clasificándolas como positivas o negativas y esforzándonos por cambiarlas al instante. Lo que de verdad importa es que cualquier emoción puede ser saludablemente abordada, atendida y canalizada.

✗

Sentir tristeza, miedo, ansiedad, rabia y otras emociones ingratas no es saludable.

✓

Sentir tristeza, miedo, ansiedad, rabia y otras emociones ingratas es humano, natural, inevitable y saludable siempre y cuando no se perpetúen.

Lo que no es saludable es negar lo que sientes y fingir emociones que no experimentas. Lo que no es saludable es esconder las emociones, reprimirlas, querer cambiarlas lo antes posible con argumentos o pensamientos positivos. Lo que no es saludable es recrearnos en ellas, dejarnos arrastrar o atrapar indefinidamente.

Calificar de insano o negativo lo que es ingrato es un reduccionismo falso con consecuencias dañinas. Por un lado, creer que determinadas emociones son negativas o insanas solo incrementa el malestar. Sentirte mal porque te sientes mal te hace sentir peor todavía. Por el otro, nos empuja a hacer cualquier cosa para evitar sentirlo, lo que puede privar de las comprensiones o los aprendizajes que podrían surgir de esa experiencia. «No apartes los ojos —dijo Rumi—. Mantén tu mirada sobre la herida vendada. Por aquí entra la luz». Aunque hay que reconocer que esto cuesta mucho de creer cuando la herida todavía sangra o es demasiado tierna, y también puede ocurrir que la luz tarde mucho en entrar o que incluso no entre, por más que lo deseemos y hagamos lo posible para conseguirlo.

✗

Podemos escoger lo que queremos sentir y podemos mantener el ánimo arriba siempre, es tan solo una cuestión de actitud.

✓

Sería fantástico, pero a menudo no es así. Sin embargo, con suerte y formación podemos escoger cómo queremos responder o actuar ante lo que sentimos.

Tras muchos años estudiando las emociones y reeducando las mías propias, hay algo que no he conseguido: sentir siempre las que yo deseo. A menudo son ellas las que deciden, y tengo suerte si puedo calmarlas, sobrevivir a las tormentas y contradicciones que desatan en mi interior y entenderlas mínimamente. Asegurar que podemos escoger lo que queremos sentir y que podemos mantener el ánimo siempre alto es una falsedad, y es injusto y desconsiderado hacia las personas que pasan por momentos de crisis, que sufren circunstancias desfavorables o que quieren estar bien y no lo logran. Dice la psiquiatra Anabel González que «no podemos navegar por el mar diciéndole cómo se tiene que mover, cómo de altas han de ser sus olas, por dónde han de ir sus corrientes y qué ritmo han de tener las mareas. Curiosamente, sí que intentamos hacer esto con nuestras emociones, aunque es igual de imposible».[26]

En cambio, sí que podemos construirnos una buena brújula, ya que «vivimos en un mar de emociones y tenemos que aprender a navegar por él sin naufragar»,[27] como nos recuerda Elsa Punset. De hecho, ayudarnos a construir esta brújula es uno de los propósitos de la educación emocional, y uno de sus puntos clave tiene que ser, según el neurobiólogo portugués Antonio Damasio, «la capacidad de interponer un paso evaluador no automático entre los objetos causativos y las respuestas emocionales»[28] para modular las respuestas naturales y adecuarlas a un contexto determinado. «Regular las emociones no es controlar lo que sientes, es elegir cómo respondes. Los sabios no se reprimen las emociones, encuentran maneras constructivas de expresarlas. Los sentimientos intensos no siempre piden reacción inmediata. En realidad, a menudo se benefician de una profunda reflexión»,[29] añade el psicólogo y profesor de la Universidad de Pensilvania Adam Grant.

Sin embargo, en ocasiones no podremos evitar el naufragio. No existe brújula ni técnica de navegación que nos permita sortear todos los escollos y ahorrarnos todo sufrimiento. A veces naufragaremos, y lo que hayamos aprendido sobre navegación emocional solo nos servirá para tratar de sobrevivir y no hundirnos por completo. Tras el naufragio, habrá momentos en que nuestra mayor libertad, o la última, será la capacidad de sobrellevar y equilibrar las emociones perturbadoras o contradictorias que sintamos sin enloquecer. Lograr esto tan simple, y a la vez tan complejo, será una auténtica proeza y signo de sabiduría.

Es absolutamente legítimo y normal atravesar etapas de caos, en las que no sabemos qué sentimos ni cómo explicarlo. Y también en las que lo que sentimos parece no tener sentido alguno, pero lo sentimos de todos modos, a veces a pesar de nosotros mismos.

X

Las emociones son respuestas mentales. Todas las emociones son fruto del pensamiento. Si cambiamos los pensamientos, cambiamos las emociones.

No todas las emociones son fruto del pensamiento ni se cambian al modificar los pensamientos. Muchas veces, para cambiar una emoción, hay que cambiar primero la emoción originaria o de trasfondo que ha originado un determinado pensamiento o manera de pensar.

La creencia de que cualquier emoción se cambia si modificamos nuestra manera de pensar es otro de los reduccionismos más extendidos respecto a las emociones. Además, denota que todavía hoy damos más importancia a la razón que a la emoción, al pensamiento que al sentimiento y a la mente que al cuerpo, a pesar de que se ha constatado científicamente que emoción y razón son igual de esenciales, indisociables y complementarias. Pone de manifiesto también que seguimos sin entender en profundidad la complejidad del término «emoción».

Ojalá transformar las emociones ingratas o difíciles fuera tan fácil y automático como cambiar un pensamiento. Si siempre fuera posible, no representarían ningún problema, o muchos menos de los que suponen. Cambiar un pensamiento por su opuesto es relativamente fácil. El problema es que el cambio no puede limitarse a un ejercicio lingüístico. Para que funcione, tiene que resonar o vibrar emocionalmente en nuestro interior, lo que rara vez sucede por el simple hecho de cambiar un pensamiento.

Es cierto que detrás de una emoción puede haber un pensamiento, pero también es posible que tras este pensamiento haya una emoción anterior al pensamiento. En general, en la raíz de muchas emociones y pensamientos perturbadores encontramos emociones preexistentes, originadas en la niñez o en el entorno emocional familiar, que no pudieron ser adecuadamente afrontadas y resueltas y que por ello hoy nos gobiernan de manera inconsciente. Como señala el psiquiatra norteamericano David R. Hawkins, «la mente, con sus pensamientos, es dirigida por los sentimientos. Una emoción puede crear, literalmente, miles de pensamientos a lo largo de los tiempos».[30] Las matrioscas o muñecas rusas son una buena metáfora para entender el funcionamiento de las emociones, y acceder así a las que han originado nuestros hábitos y patrones emocionales. Como estas muñecas, las emociones visibles ocultan a veces otras más profundas, que son su verdadera fuente, la primigenia. Conocer e interpretar las emociones implica, entonces, tirar del hilo, abrirlas una por una hasta llegar a la última muñeca, hasta hallar el corazón de la emoción o la emoción originaria.[31]

La emoción precede el pensamiento, lo cual ocurre porque la emoción es preconsciente, y el niño o la niña siente antes de ser capaz de pensar. Por eso, determinados impactos emocionales de los primeros años de vida, incluso de antes del nacimiento, se graban en el inconsciente de forma preverbal o asintáctica, lo que los hace difícilmente accesibles al pensamiento consciente, y sin embargo influirán poderosamente en él. «Lo que el bebé siente antes de poder pensar es un poderoso determinante del tipo de cosas que pensará cuando piense»,[32] señala Jean Liedloff, escritora neoyorquina especialista en crianza.

Por su parte, el médico canadiense experto en trauma Gabor Maté señala que, antes de que nuestra mente pueda crear el mundo, es el mundo el que crea nuestra mente: «Antes de convertirnos en creadores de nuestro entorno, somos sus creaciones».[33] Y estas creaciones tempranas no son fruto del pensamiento o la reflexión, sino de la forma de vinculación del niño con sus personas adultas de referencia y de la huella emocional que estas dejan. Así pues, «la interacción emocional, más que la intelectual, es el principal arquitecto de la mente»,[34] como apunta el psiquiatra infantil Stanley Greenspan, que fue profesor de la Universidad George Washington.

✗

La mente y la razón son más poderosas que las emociones y nos permiten gobernar, controlar y contener las emociones.

✓

La mente y la razón no siempre son más poderosas que las emociones. Cuando la mente y la razón no pueden con las emociones, el cuerpo y la conducta van por libre y expresan de manera disfuncional lo que la mente no puede o no sabe gobernar, o lo que la mente no sabe o no se permite expresar.

Cuando el pensamiento y la emoción se contraponen, los sentimientos no siempre se rinden a los pensamientos, mientras que los pensamientos sí que se rinden casi siempre a los sentimientos. Esto tiene una justificación desde el punto de vista neurobiológico, puesto que el corazón no responde necesariamente a las señales del cerebro, pero el cerebro sí que sigue las señales del corazón,[35] como señala Patrick Drouot, físico francés y profesor de la Sorbona y de la Universidad de Kansas. Quizá al final actuaremos siguiendo lo que nos dicta el pensamiento, pero si de forma habitual solo hacemos caso a la razón, y desoímos al corazón y al cuerpo, aquello que desatendemos se expresará igualmente, y es casi seguro que lo hará de un modo inapropiado o perjudicial.

El poder de la mente o de la razón para gobernar o contener las emociones no es ilimitado. Si desde la racionalidad y la moralidad nos imponen —o nos autoimponemos— una manera de sentir y actuar desvinculada de nuestro ser interno, llegará un momento en que la desconexión entre mente, emoción y cuerpo será tan grande que se expresará psicosomáticamente, con desvitalización, malestares o incluso con algunas enfermedades, así como con insensibilización, compulsiones, obsesiones, adicciones, conflictos de relación y otras conductas desajustadas o de riesgo. Por eso decimos que muchas conductas disfuncionales tienen un valor de mensaje, porque expresan necesidades, emociones, carencias y heridas de las cuales la persona no acostumbra a ser consciente. Especialmente en el caso de niños y adolescentes, es crucial descifrar qué nos cuentan con sus conductas que no saben expresar de otro modo.

El cuerpo es también otro mensajero emocional maravilloso y vital. Nos susurra y desvela lo que nuestra alma no sabe o no es capaz de expresar, y así nos regala perlas de autoconocimiento y nos marca retos, posibilidades, necesidades y límites esenciales para nuestro crecimiento personal y para cuidar nuestra salud y bienestar. Antonio Damasio lo denomina «el marcador somático», y entiende las emociones como señales corporales que nos informan, orientan, alertan, protegen y ayudan a tomar decisiones, incluso antes de que nuestro cerebro sea capaz de procesar de manera racional lo que nos sucede.

✗

Somos seres racionales, y la información emocional que proviene de la mente y la reflexión es más fiable y sanadora que la que proviene del cuerpo y la intuición.

✓

Somos seres racionales y emocionales a la vez, y la información emocional que proviene del cuerpo o la intuición puede ser tan fiable y sanadora (y a veces hasta más) como la que proviene de la mente y la reflexión. El cuerpo es verdad y sabiduría emocional.

A menudo nos creemos que somos y que tenemos que ser exclusivamente racionales, cuando resulta que nada de lo que hacemos, pensamos o sentimos es completamente racional.

Detrás de toda conducta, razón, argumento o deseo hay casi siempre alguna emoción que lo origina y lo sostiene. Y en toda emoción hay razón y razones de ser, aunque a menudo las desconozcamos. Incluso quien piensa que es muy racional es más emocional de lo que piensa. La razón no lo puede abarcar todo. Y aquello emocionalmente significativo o impactante que se le escape a la razón, muy probablemente lo expresará el cuerpo.

Decía Ken Robinson que para muchos profesores universitarios el cuerpo es solo el vehículo con el cual llevan la cabeza a las reuniones. Y es que, aunque somos cuerpo, mente y corazón, a menudo priorizamos la mente por encima de los otros dos, y ponemos la actividad intelectual por encima de la expresión emocional y la corporal. Pensamos que todo se resuelve reflexionando, y que la sabiduría está más cerca de la quietud que del movimiento, y por eso no comprendemos ni respetamos como deberíamos la necesidad de movimiento de los niños y niñas, ni tampoco las propias.[36]

Consideramos más evolucionado lo que surge del intelecto que lo que proviene del cuerpo y los sentidos, a pesar de que «nuestras experiencias, emociones y sentimientos se producen antes que nada en el cuerpo»,[37] como indica la psiquiatra Rosa Molina. El cuerpo es verdad y sabiduría emocional, y puede ofrecernos percepciones que la razón por sí sola no podría captar, o tardaría mucho en hacerlo, por lo que centrar la atención en el cuerpo puede contribuir «a conectarnos con el corazón y a mejorar el funcionamiento de la mente».[38]

De hecho, determinados aprendizajes resultan más fáciles y se integran mejor si se inician en el cuerpo y luego se dirigen hacia el sentimiento y la reflexión. Por ello, cuando una idea no fluye, levantarse de la silla, moverse o caminar ayuda a que la idea se desbloquee de manera natural. El movimiento activa nuevas conexiones neuronales y puede ser un buen aliado del pensamiento. El cuerpo es, en fin, una fuente de conocimiento y aprendizaje con infinitas posibilidades por explorar, algo que hay que tener más presente en la transmisión y educación emocional. Sin embargo, no hay que caer en un estilo *saltimbanqui*, como el que hemos comentado en la primera parte del libro, que implique moverse sin sentido ni fundamento o con el único propósito de anestesiar las emociones ingratas.

✗

Las emociones se localizan en el cerebro y la mente.

✓

No solo ahí. Las emociones se localizan y se sienten en todo el cuerpo, ya que mente y cuerpo están estrechamente entrelazados.

De hecho, las emociones se expresan en el cuerpo. Además de sentirlas en el cerebro, la cabeza, las cervicales, el cuello y la garganta, las emociones se perciben también en las zonas del estómago y los intestinos y del corazón, considerados un segundo y tercer cerebros debido a la enorme cantidad de neuronas que se ha descubierto que se concentran en ellas. Parece que los hallazgos neurocientíficos se aproximan a teorías como la de la neurobióloga estadounidense Candace Pert, quien sostenía que las emociones discurren por todo nuestro cuerpo y que todas nuestras células poseen moléculas y receptores emocionales.[39] El lenguaje refleja esta conexión entre cuerpo y emociones con expresiones como sentir mariposas en el estómago, tener un nudo en la garganta o tener el corazón roto, que muestran que «nuestro cuerpo es el escenario de nuestras emociones», como asegura Rosa Molina.[40]

A pesar de esta estrecha relación, nuestra conciencia corporal de las emociones todavía es bastante limitada. Hace unos diez años, un equipo de investigadores de la Universidad de Aalto (Finlandia) elaboró la primera topografía o mapa corporal de las emociones.[41] Se pidió a setecientas personas de diferentes culturas que colorearan en qué partes de su cuerpo sentían distintas emociones, y más del setenta por ciento coincidieron en todas las emociones propuestas (de un total de catorce). Resulta llamativo que la gran mayoría de las emociones se localicen en la parte superior del cuerpo (en el pecho y la cabeza), que solo algunas incluyan los brazos y que solo la felicidad alcance todo el cuerpo (el amor, casi).

Más que sugerir una vivencia «elevada» de las emociones, me inclino a pensar que este hecho puede estar relacionado con el predominio del cerebro, la razón y el intelecto en nuestra cultura, y con el descuido del cuerpo, del instinto y de la intuición, de los que estamos desconectados en un sentido esencialmente vitalista. Sentir las emociones solo desde el pecho o la cintura hacia arriba puede dificultar un acceso pleno a su vivencia lúcida, sana y sabia. Si las emociones no atraviesan cuerpo y alma y no facilitan el diálogo entre ambos (entendiendo por alma la interconexión de todo nuestro ser), entonces lo que experimentamos quizá sean seudoemociones, es decir, emociones pensadas más que sentidas, desvinculadas de nuestro ser y sentir interno auténtico.

El estudio mencionado sugiere que las emociones analizadas tienen una ubicación biológica bastante universal. El dolor, la pena y la tristeza se concentran principalmente entre el tórax y la cabeza, aunque también tocan algún pequeño punto del abdomen, lo que se correspondería con la expresión de tener el corazón roto. La ansiedad y el miedo, que son de la misma familia, abarcan todo el abdomen y hasta la cabeza, con la diferencia de que el miedo también incluye los brazos, mientras que la ansiedad, la tristeza y la depresión no los incluyen.

Aunque la alegría no fue una de las emociones estudiadas, imagino que, en el caso de una Alegría en mayúsculas, como me gusta llamarla cuando se trata de una alegría más existencial, sería tan expansiva como la felicidad, mientras que, si se trata de una alegría en minúscula, más concreta y puntual, por algo favorable o deseado, quizá se limitaría a un área algo más reducida. La cólera, por su parte, afecta al tórax, la cabeza y los brazos, lo cual resulta sorprendente, porque deja completamente al margen el abdomen, a pesar de que la rabia está estrechamente relacionada con las tripas o los intestinos, de donde salen muchos de los sapos y las culebras que soltamos a veces cuando nos irritamos. El amor, al igual la alegría, abarca casi todo el cuerpo, excepto parte de las piernas. Sin embargo, los dichos populares lo asocian al corazón: «me tiene el corazón robado» o «te llevo en el corazón», aunque también se habla de «mariposas al estómago», especialmente asociadas al enamoramiento.

En la zona de la cintura hacia abajo, que aparece menos coloreada en el estudio, es donde se sitúan los primeros chakras, es decir, es donde se originan y se manifiestan emociones muy profundamente vinculadas al origen de la vida y a necesidades vitales primarias. Sin embargo, esta área se considera a menudo inferior o de segunda categoría, y tal vez por eso tenemos tendencia a ubicar y sentir nuestras emociones de cintura para arriba. Por supuesto, sería peligroso limitarnos solo a esta parte visceral o primaria, ya que nos moveríamos y relacionaríamos solo por impulsos o instintos, pero tampoco es saludable desatenderla, dado que así nos fragmentamos, desconectamos y desvitalizamos. Lo más sano y equilibrado es, pues, sentir las emociones en todo el cuerpo, con variantes en la intensidad y el predominio de una zona u otra según la emoción concreta, las circunstancias y el momento vital de cada persona.

✗ Las emociones son respuestas estrictamente biológicas, corporales y primarias, que escapan a la razón y no obedecen a razones.

✓ Las emociones son respuestas complejas que aglutinan tanto componentes biológicos y corporales como mentales, cognitivos, conductuales e incluso relativos al alma.

Reducir las emociones a respuestas biológicas o corporales, vinculadas únicamente a impulsos primarios, es tan erróneo como afirmar que es la mente o la razón la que origina y controla siempre las emociones. La emoción no es solo biología, y su componente biológico no solo no implica que tenga que ser necesariamente conflictiva o desestabilizadora, sino que cumple una función informativa, evaluadora y adaptativa vital para la supervivencia. Desde el punto de vista neurobiológico, ya hemos dicho que las emociones son respuestas preconscientes, es decir, sus componentes biológicos, corporales o primarios normalmente preceden a los mentales y cognitivos.

La doctora en neurociencia Nazareth Castellanos lo explica así: «Una de las primeras estaciones por las que pasa la emoción es una estación cerebral que coordina la respuesta del cuerpo. Y por esta estación pasa antes que por la conciencia. Es decir, la respuesta de mi cuerpo a esta emoción es anterior al momento consciente en el cual yo percibo esta emoción. Por eso se dice que el cuerpo sabe lo que la mente todavía no ha descubierto, es el marcador "somático" [como hemos visto que lo denomina Damasio]. Lo que dice la literatura científica es que, si tengo conciencia corporal, puedo observar en mi cuerpo lo que se está preparando, antes de que se haya expresado la emoción».[42] Esto pone claramente de manifiesto que la conciencia corporal de las emociones es un componente clave de la madurez, el bienestar y la salud emocional que puede tener unos efectos preventivos poderosos.

La relevancia del cuerpo en las emociones es indiscutible, y es por ello que podemos recurrir a herramientas y procedimientos muy eficaces y sanadores para la descarga corporal de la rabia y la distensión emocional corporal en general.[43] Sin embargo, creer que las emociones son simplemente respuestas biológicas, corporales y automáticas no solo es reduccionista, sino que lleva a pensar, de manera errónea, que las emociones son ingobernables y que no podemos ni debemos hacer nada para contenerlas. Como resultado, en la actualidad hay corrientes que defienden que cada niño, niña y cada persona debe poder expresarse emocionalmente tal como su naturaleza le dicte, sin límites, control ni contención de ningún tipo, lo que es evidente que es insano.

X

Para librarte de una emoción desagradable, tienes que cambiarla por otra agradable.

> Las emociones desagradables no siempre se pueden cambiar, y menos de manera automática. En cambio, sí que podemos reconocerlas, modularlas y, con suerte, aceptarlas, llegar a comprenderlas al menos un poco y mitigarlas.

Desde el punto de vista neurobiológico, es cierto que «una emoción solo puede ser transformada con otra más fuerte de signo inverso»,[44] como señala Damasio. Pero quizá hemos interpretado este principio de un modo demasiado literal o restringido, porque no significa por fuerza que la tristeza solo pueda ser transformada con alegría. Si logramos mirar nuestra tristeza con humildad y compasión, sin dramatizarla, captando de algún modo el amor, los bellos anhelos o las delicias efímeras que evoca, y de su mano afrontamos la fragilidad de la existencia, y permitimos que nos fertilice por dentro y nos humanice un poco más, entonces ya habremos cambiado la tristeza por otras emociones más poderosas y de signo inverso, aunque esa tristeza todavía forme parte de nosotros. Esta mirada a la tristeza puede conectarnos de nuevo con la alegría de vivir, que es muy distinto de querer eliminar la tristeza con alegrías triviales o con una alegría expansiva o desbordante que en determinados momentos nos resulta inalcanzable.

No siempre podremos cambiar una emoción desagradable por su opuesta, y, cuando sea posible, rara vez será inmediato y automático. Cuando pretendemos cambiar *ipso facto* una emoción ingrata, lo que suele ocurrir es que enterramos lo que no nos permitimos sentir, no sabemos o tememos sentir, y lo sustituimos por pensamientos positivos y por acciones o evasiones que nos proporcionen emociones placenteras. Entonces, es posible que desprendamos una aparente felicidad, alegría, serenidad o fortaleza, pero en realidad vivimos sobre «cementerios emocionales»[45] en los cuales hemos enterrado parte de nuestra alma.

✗ Si sonrío, me sentiré mejor y todo irá bien.

✓ La mente interviene sobre el cuerpo, y el cuerpo también puede intervenir sobre la mente. Lo que no es posible ni conveniente es que el cuerpo actúe sistemáticamente al margen del estado de ánimo interno y engañe a la mente.

Se dice que la cara es el espejo del alma porque muestra nuestras emociones, y se ha comprobado que nuestra expresión facial también influye, a su vez, en cómo nos sentimos. Ahora bien, ¿es saludable y recomendable acallar nuestra voz interior y engañar sistemáticamente a la mente? Creo que no.

Fritz Strack, de la Universidad de Wurzburgo (en Alemania), realizó un conocido experimento con un bolígrafo que se cita a menudo como ejemplo del poder del cuerpo para producir determinados estados cerebrales y cambiar el estado de ánimo. Para el estudio, hizo que tres grupos observaran cómics en diferentes condiciones. El primero lo hizo sujetando un bolígrafo con los labios, lo cual inhibía la musculatura de la sonrisa; el segundo, sujetando el bolígrafo con los dientes, lo cual estimulaba la musculatura de la sonrisa, y el tercero, sujetando el bolígrafo con una mano, lo que no afectaba a la musculatura de la cara. Los que sostuvieron el bolígrafo con los dientes fueron los que encontraron los cómics más divertidos, mientras que los que lo hicieron con los labios fueron los que menos, y el grupo que usó las manos se ubicó a medio camino. La conclusión fue, pues, que el gesto de la cara influye en el estado de ánimo, de modo que, si cuando sientes tristeza te obligas a sonreír, tu cerebro pensará que estás contenta y te sentirás mejor.

Este procedimiento es posible que funcione en determinadas ocasiones; podemos suavizar una emoción gracias a la expresión externa o levantar el ánimo con una sonrisa. Sin embargo, es evidente que no podemos recurrir a un bolígrafo entre los dientes para superar un duelo, una tristeza profunda o una depresión. ¿Qué se supone que deberíamos hacer, entonces? ¿Ir día y noche con el bolígrafo entre los dientes? La psiquiatra Anabel González puntualiza que «es importante no confundir estos trucos con una solución en profundidad de lo que nos está haciendo sentir mal. Son solo pequeñas ayudas que pueden suavizar el malestar. Del mismo modo, permitirnos expresar al máximo cómo nos duele una cosa también nos puede ir bien para desahogarnos y aliviar el malestar».[46]

✗

Las emociones se heredan, la capacidad emocional de los niños y las niñas es innata y no se puede modificar.

✓

Las emociones son educables. La herencia condiciona, pero no determina.

El perfil emocional de una persona combina componentes innatos o heredados con otros ambientales o aprendidos, y la neurociencia confirma que el grado de heredabilidad de las emociones no es tan elevado ni determinante para impedir su educabilidad. En este sentido, el doctor en biología y profesor David Bueno señala la diferencia entre aspectos absolutamente determinados por los genes, como los grupos sanguíneos, cuyo porcentaje de heredabilidad es del cien por cien y en los que el ambiente no influye de ningún modo, y las dimensiones socioemocionales, en las que la educación y el ambiente desempeñan un papel crucial. En la empatía la heredabilidad representa el 47 %; en la impulsividad, el 62 % y en la creatividad, el 55 %.[47]

Así pues, no podemos escudarnos en frases como «Este niño o niña es así, ya nació de esta manera» para justificar sus patrones de respuesta emocionales y eximirnos de la responsabilidad de educarlo emocionalmente. Sea cual sea su naturaleza y su temperamento innatos, un niño o niña pueden aprender a ser más o menos impulsivos, más o menos empáticos, más o menos explosivos, o más o menos intensos emocionalmente. Y es una cuestión lo suficientemente relevante para que familias y profesionales de la educación no renunciemos a nuestra labor y mucho menos la releguemos a otras personas, sobre todo si estos son falsos expertos o si se trata de recetas y *tips* no contrastados, difundidos a través de las redes sociales o de cualquier otro medio poco fiable.

✗ Las emociones son por definición respuestas primarias, peligrosas o conflictivas.

✓ Las emociones pueden ser un peligro, pero también una riqueza (M. Lacroix).

A menudo se escuchan afirmaciones como que recurrir a las emociones en política es peligroso, que tenemos un problema porque hemos permitido que las emociones invadan demasiados ámbitos de la vida o que debemos evitar que las emociones influyan en nuestras decisiones. Pero quienes expresan este tipo de ideas tienen una visión equivocada, muy restringida o negativa de las emociones. Lo que sí que puede ser peligroso es dejarse arrastrar ciegamente por ellas, difundir visiones engañosas, estereotipadas o deformadas y, sobre todo, atizar emociones primarias viscerales e irreflexivas con el objetivo de manipular las emociones de las personas por intereses particulares que no buscan su bienestar, sino el de quienes las provocan.

Por desgracia, esto es muy habitual en política y en cualquier forma de totalitarismo. Y, hasta que aprendamos a apropiarnos de ellas y a gestionarlas nosotros mismos, las cosas no cambiarán: nuestras emociones seguirán siendo vulneradas e inducidas desde fuera. Como dice el periodista Fidel Masreal, creador y conductor de la sección «Sanamente» de *El Periódico de Catalunya*, «no tenemos que permitir que el sensacionalismo nos robe las emociones».[48] Ni tampoco los fascismos ni los fanatismos de ningún tipo. Si aprendemos a atenderlas, conocerlas, comprenderlas y manejarlas, las emociones pueden ser un gran tesoro y unas grandes aliadas. De hecho, siempre influyen en nuestras decisiones. «La emoción decide y la razón justifica»,[49] como dice Roberto Aguado, de modo que nuestro desafío es que esa influencia sea lúcida.

✗

Las emociones son buenas y puras por definición. Tenemos que obedecerlas siempre y solo tenemos que hacer lo que sentimos y lo que nos apetece hacer.

✓

Nuestras emociones pueden ser lúcidas, pero también pueden estar desenfocadas, por lo que obedecerlas a ciegas puede ser tan perjudicial como desatenderlas. A veces es bueno y conveniente hacer algo que no sentimos.

«Dejemos de ignorar a nuestras emociones pero dejemos también de adorar a nuestras emociones»,[50] nos recuerdan Conangla y Soler.

La metáfora de las muñecas rusas que he utilizado anteriormente ilustra que una emoción no siempre es lo que parece, sino que puede esconder otras emociones o heridas inconscientes. Por eso, cuando las emociones son muy intensas o recurrentes y nos desbordan, conviene que las cuestionemos, que las pongamos en cuarentena y nos preguntemos qué puede haber tras ellas. La rabia de hoy quizá es fruto de una rabia antigua no superada que revivimos cada vez que aparece una situación o persona que la reactiva y que focalizamos erróneamente ahí, mientras que su causa originaria es otra y permanece oculta y desenfocada.

Dentro de nosotros pueden existir heridas emocionales no curadas ni identificadas que condicionan, afectan y deforman nuestra óptica y nuestros patrones de respuesta emocional. Por ello, si hacemos caso de manera sistemática a cualquier emoción, es posible que «nos estemos dejando llevar por emociones automatizadas grabadas en nuestra memoria emocional», como señalan Conangla y Soler. Estos autores añaden que, para liberarnos de su influencia, tenemos que ser capaces de detectarlas, desobedecerlas o contenerlas, y escoger entonces un tipo de respuesta distinta a la que nos dictan.[51] Sin embargo, esto no es coser y cantar, sino el resultado de un proceso personal profundo, consciente y continuado, que a menudo requiere de apoyo y acompañamiento profesional.

Más allá de esto, actuar al margen de lo que sentimos es bueno y conveniente a veces. Por un lado, hay comportamientos bondadosos, éticos o saludables que, aunque se contrapongan a lo que sentimos, pueden generar o consolidar sentimientos y hábitos bondadosos, éticos o saludables. Por otro lado, determinados comportamientos amorosos, amables o empáticos son necesarios al margen de si sentimos amor, amabilidad o empatía. Por ejemplo, seguir tratando bien a las personas que queremos, en aquellas ocasiones en que tal vez tenemos ganas de mandarlas a paseo, es una muestra de madurez, salud emocional y amor. También es maduro y bondadoso tratar bien y con respeto a aquellas personas por las cuales no sentimos ninguna inclinación afectiva favorable. «No hacer daño es ya hacer bien»,[52] dice el catedrático de filosofía de la Universidad de Barcelona Josep Maria Esquirol. El bien es deseable siempre y conviene que seamos capaces de hacerlo aunque no sintamos ganas. Esto requiere educar en la autoconciencia y la autorregulación emocional, de forma que logremos distinguir la emoción del comportamiento e interponer una pausa y una reflexión entre ambos. De no ser así, nos dejamos arrastrar por nuestras emociones hasta el extremo que, a pesar de ser personas buenas, causamos y nos causamos daños que luego a menudo lamentamos y que a veces cuesta reparar.

✗ Las mujeres tenemos más capacidad emocional.

✓ Las emociones no son una cuestión de género, sino una dimensión humana esencial accesible a todos los seres humanos. Por ello, cualquier persona puede educar y aumentar su destreza y madurez emocional.

El interés de las mujeres por las emociones parece mayor que el de los hombres; al menos, en las conferencias y formaciones sobre temas emocionales, la asistencia masculina acostumbra a ser bastante inferior a la femenina. De hecho, a veces no hay ningún hombre, mientras que la situación inversa no ocurre nunca. Asimismo, la expresividad emocional de las mujeres suele ser, en líneas generales, más abundante, abierta y explícita que la de los hombres. No obstante, esto no significa que la capacidad o el potencial masculinos sean inferiores, sino que no se los ha impulsado en la misma medida ni educado del mismo modo.

David Bueno señala que esto tiene una base biológica, de carácter hormonal. En promedio, las niñas producen más oxitocina, la neurohormona de la socialización, que los niños. Aun así, el ambiente también juega un papel fundamental y es un poderoso condicionante.[53] En este sentido, algunos estudios indican que, desde muy pequeños, cuando todavía son bebés, las miradas que dirigimos a las niñas son más emotivas que las que dirigimos a los niños, lo cual influye en cómo cada uno de ellos mostrará sus emociones en un futuro.

El prestigioso psiquiatra Luis Rojas-Marcos menciona la mayor locuacidad femenina y el menor número de trastornos de lenguaje que experimentamos las mujeres, y lo atribuye a factores tanto innatos como educativos. Por un lado, se ha constatado que el cerebro femenino cuenta desde el nacimiento con un mayor número de áreas relacionadas con el lenguaje en comparación con el masculino. Por otro, en cuanto a la relación entre la comunicación emocional y el género, Rojas-Marcos indica que «varios estudios señalan que, en las sociedades occidentales, las madres hablan sobre las experiencias emocionales más con las hijas que con los hijos, y a medida que crecen, las niñas hablan más sobre sentimientos que los niños. Asimismo, tanto las madres como los padres hablan con más frecuencia sobre temas tristes con las niñas. En contraste, las conversaciones sobre sentimientos de ira son más extensas con los hijos que con las hijas. Otros estudios también demuestran que en general las niñas empiezan a hablar sobre las emociones antes que los niños».[54]

Es muy probable, pues, que las diferencias entre emociones y género se deban a visiones estereotipadas que hacen que las chicas acaben siendo más receptivas a los temas emocionales y que las emociones que se les fomentan y permiten a los chicos y a las chicas sean diferentes.

El llanto desconsolado, los miedos irracionales, las explosiones de ira y otras expresiones emocionales intensas o extremas son infantiles.

Cualificar de infantiles las expresiones emocionales desmesuradas es injusto y desconsiderado. Es más preciso decir que son inmaduras o insanas.

De una vez por todas, dejemos de decir que lo que es emocionalmente inadecuado o excesivo es infantil. Utilicemos otros adjetivos, como inmaduro, insano, desagradable, incómodo, inapropiado, indigno, lamentable, penoso o cualquier otro similar. Así seremos más precisos, y más justos y considerados hacia la infancia.

Me duele y me incomoda que se use de manera tan frívola el término «infantil» como sinónimo de la degradación de algo, puesto que los niños y las niñas representan la pureza absoluta. Sus reacciones desmesuradas no son fruto de ninguna deficiencia, discapacidad o bajeza, sino de una inmadurez cerebral natural y propia de esta etapa psicoevolutiva, que tendría que remitir y superarse en la adultez.

Dejemos, pues, de aplicar una palabra tan preciosa a conductas o respuestas inapropiadas que derivan de carencias adultas. Es momento de reivindicar las connotaciones positivas de este adjetivo, que son muchas más, y de utilizar «infantil» para referirnos a lo que tiene de tierno, bello, inocente, mágico, bondadoso, adorable y maravilloso esta primera etapa de la vida, que debería seguir latiendo en nuestro interior y ser fuente de inspiración constante en todas las etapas posteriores.

15 malentendidos y falsedades sobre la educación emocional

La finalidad primordial de la educación emocional es calmar, serenar y contener las emociones. ✗

La finalidad primordial de la educación emocional es atender y entender lo que nos ocurre por dentro, de un modo saludable y lo más amoroso posible. ✓

El principal objetivo de una educación emocional y de una transmisión emocionalmente saludables la explico con una imagen muy sencilla, apta para todas las edades:

Atendiendo a dicha imagen, educación emocional es ponerle ojos, orejas y boca al corazón para aprender a mirar, escuchar y expresar lo que nos ocurre en nuestro interior y lo que sucede en el interior de otras personas. Al mismo tiempo, se trata de poner corazón en nuestra mirada, escucha y palabras, para que la comunicación, tanto humana como educativa, sea emocionalmente saludable y resonante. La finalidad primordial es captar la vibración amorosa presente en cualquier emoción y aprender a anteponer una mirada lúcida y empática hacia la vivencia emocional propia y ajena y ante cualquier emoción primaria que se nos desate y pueda cegarnos.

El proceso emocional no termina cuando hemos logrado calmar una emoción desbordada o desagradable, sino cuando somos capaces de ver más allá de la emoción, identificar las necesidades vitales que expresa y llegar a la esencia última y amorosa que late en ella. Solo entonces podremos transformarla, trascenderla, soltarla o simplemente aceptar que forme parte de nosotros y que nos acompañe en nuestro camino o en un tramo de él, aunque nos resulte ingrata. En *Cómo cuidar la salud emocional* encontraréis las cartas que escribí a la rabia, la tristeza y el miedo, en las cuales hablo del amor escondido que descubrí en ellas».[55]

✗

La educación emocional tiene que formar a niños, niñas y adolescentes felices. Y la felicidad es una decisión personal.

✓

La educación emocional tiene que formar a niños, niñas y adolescentes emocionalmente conectados, conscientes, honestos, responsables y resilientes. Y la felicidad no siempre es una decisión personal.

La felicidad es un deseo natural, legítimo y endémico del ser humano, pero es imposible alcanzarla de manera permanente y definitiva. Por ello, orientar la educación emocional hacia una felicidad idealizada e idílica, o creer que la madurez emocional nos salvará de tropiezos e infortunios, es arrojarnos al engaño. Y, si este engaño implica desoír, tapar, disimular o desatender los sentimientos reales del niño niña, adolescente o persona adulta, constituye un atentado a su salud.

En este sentido, lo más saludable siempre es la honestidad. Sin honestidad, no hay libertad ni responsabilidad emocional. Aquello que sentimos y tenemos que esconder será fuente de infelicidad, porque nos dominará en silencio, y seremos sus esclavos. Además, si no podemos afrontarlo de manera abierta, tampoco podremos responsabilizarnos de ello ni obtener autoconocimiento, comprensión, aprendizajes vitales o resiliencia. Al fin y al cabo, salud emocional y felicidad no necesariamente van de la mano; como precisa Buenaventura del Charco: «No necesitas ser optimista y feliz; necesitas ser honesto con lo que te pasa, con quién eres y qué quieres. No necesitas estar bien, necesitas permitirte sentir tus emociones, que te indican aquello que necesitas y que te duele».[56]

En cuanto a la felicidad, es obvio que no es tan solo una decisión personal. Somos seres sociales, nacemos en familias y sociedades con unas circunstancias determinadas, convivimos con personas que nos influyen, y tenemos unas necesidades y unos derechos esenciales que no dependen solo de nuestra voluntad.

✗

La educación emocional antepone el autoconocimiento, el placer y las necesidades personales a la solidaridad y la contribución social.

✓

La educación emocional bien entendida tiene que ser un camino y una herramienta que equilibre y armonice lo personal y lo social, lo interno y lo externo, la autoestima y la empatía.

La educación emocional tiene que estar al servicio de los fines tanto inmanentes como trascendentes de la educación. Esto implica que, por un lado, debe apuntar al desarrollo y a la construcción personal del sujeto y, por el otro, a su participación en la construcción, evolución y transformación social. La felicidad realista y bien entendida, en un sentido etimológico y filosófico, es justamente esto: convertirse en una persona fecunda, capaz de dar frutos, que cultiva la virtud y la pone al servicio de una vida buena, tanto para sí misma como para el entorno.

Algunas críticas a la educación emocional se basan en

la idea errónea de que se reduce al autoconocimiento, a la introspección, a girar sobre uno mismo y mirarse sin cesar el ombligo. Sin embargo, la introspección, por sí sola, no es suficiente. Como afirma John Powell, «únicamente a base de compartir puede llegar una persona a conocerse a sí misma».[57] Y solo si se conoce podrá una persona realizar buenas aportaciones a su entorno y dejar una huella de humanidad a su paso.

Así pues, la salud emocional radica en el equilibrio entre nuestra dimensión personal o intrínseca, por un lado, y la social o extrínseca, por otro; entre la atención a lo que nos pasa por dentro y la expansión e implicación hacia afuera; en último término, entre la autoestima y la empatía, puesto que autoestima sin empatía sería narcisismo y egolatría pura, y empatía sin autoestima sería negación o sumisión del yo.

✗

La educación emocional surge en contraposición al saber y va en detrimento de él. Y saber es mucho más importante que sentir.

✓

La educación emocional no solo no debe suponer ninguna contraposición o disyuntiva respecto al saber, sino que tiene que contribuir a él, y hay evidencias empíricas que corroboran que esta contribución es posible. Además, saber y sentir no solo son igualmente importantes, sino que el saber está casi siempre emocionalmente connotado.

Una buena educación emocional no se opone al conocimiento ni a la responsabilidad, la autodisciplina, el esfuerzo con sentido o a otros valores esenciales para la vida y el aprendizaje. Si una educación emocional relega, dificulta o impide el saber, o preconiza el placer a cualquier precio o una felicidad ególatra, ni es educación ni tampoco es emocionalmente saludable. Lo mismo ocurre con cualquier educación que dé la espalda, ignore o menosprecie las dimensiones socioemocionales.

Es evidente, sin embargo, que el saber por sí solo no garantiza ninguno de estos objetivos. Saber mucho no es suficiente, porque no conlleva que sepamos usar correctamente ese conocimiento, y es que, aunque el conocimiento es una variable significativa de la ecuación educativa, no es la única. Es clave aprender a utilizarlo de una manera inteligente y ética, es decir, en beneficio de las personas y de una vida mejor y una humanidad más humana, un objetivo inalcanzable sin salud ni equilibrio emocional.

Educar implica cuidar de las personas y de la vida para que las primeras se pongan al servicio de ambas, una aspiración inconcebible sin conocimientos y sin autoconocimiento. Es realmente difícil que un saber que no vaya acompañado de emociones sanas, de conexión emocional humana, de competencias socioemocionales y de conciencia ecosocial nos lleve a buen puerto. Y es prácticamente imposible atender de forma desinteresada las necesidades de quienes te rodean si no atiendes también a las tuyas propias.

La educación emocional tiene que ser una aliada del conocimiento y del aprendizaje, y existen evidencias empíricas que respaldan que puede serlo. Los informes internacionales a los cuales hemos hecho referencia anteriormente demuestran que, cuando se lleva a cabo teniendo en cuenta una serie de condiciones —como la formación y la participación de todos los agentes educativos implicados y su continuidad en el tiempo, por mencionar dos imprescindibles—, contribuye no solo a aumentar los niveles de motivación, autocontrol y bienestar de la ciudadanía, sino que también mejora el aprendizaje y el rendimiento académico.[58] En el contexto educativo en particular, disponemos de estudios que muestran el impacto positivo del bienestar emocional en el rendimiento académico del alumnado, así como el papel protector de las competencias emocionales frente al malestar docente, entre otros aspectos.[59]

También se ha constatado que el máximo rendimiento suele darse cuando hay un nivel medio de activación emocional. Sin emociones, o con exceso de ellas, es difícil que haya rendimiento. El estado óptimo es el denominado «estado de flujo», que definió y midió Mihályi Csikszentmihalyi.[60] En él, las emociones están presentes, pero no se notan porque son armónicas y están al servicio del aprendizaje, lo cual genera una sensación de estar *fluyendo*, aunque estemos realizando un esfuerzo sostenido.

La neuropsiquiatra chilena Amanda Céspedes asegura que «los ambientes emocionalmente seguros constituyen la base no solo del equilibrio emocional, sino que también son la fuerza generativa del intelecto y la creatividad»,[61] mientras que el biólogo y filósofo también chileno Humberto Maturana afirmó que «amor y conocimiento no son dos cosas alternativas, sino que el amor es el fundamento de la vida humana y el conocimiento, un instrumento a su servicio».[62] Y es que solo quien ama es capaz de utilizar el conocimiento de una manera inteligente y ética, es decir, a favor de la salud y del bienestar personal y social. Y por amor entendemos una inclinación, una actitud, una manera de sentir y vincularnos sin las cuales podemos ser brillantes en lengua, matemáticas, química o cualquier otra disciplina, pero carecer de calidez y calidad humana, de generosidad y vocación de servicio. Las neurociencias ya demostraron hace tres décadas que tener un cociente intelectual alto, una mente privilegiada o una trayectoria académica brillante no es sinónimo de una vida personal y social buena ni saludable.

También a veces se desestima la emoción como si hubiera una vida y un saber en estado puro y elevado, al margen del sentir. Nada más lejos: saber y sentir no solo son equiparables e indisociables, sino que el conocimiento tiene siempre una vertiente cognitiva relativa al objeto y otra vertiente emocional relativa al vínculo que establece el sujeto con dicho objeto, como señala Castilla del Pino[63]. Tanto es así, que podemos decir que no conocemos la realidad sino nuestra representación subjetiva de la misma. El saber está siempre o casi siempre emocionalmente connotado.

✗ La educación emocional nos proporciona herramientas y recursos para eliminar las emociones «negativas».

✓ La educación emocional nos ayuda a sentir y expresar todas las emociones en una medida suficiente, tanto las gratas como las ingratas.

Las emociones ingratas no solo son naturales, sino que, además, son inevitables y necesarias. En este sentido, quiero reproducir un fragmento de un aforismo anónimo que cito a menudo y que nos invita a «tener la suficiente felicidad que nos haga dulces, pero también la suficiente tristeza que nos haga humanos». Ninguna emoción es buena en exceso; tampoco si está ausente. De hecho, una de las principales tareas del crecimiento emocional consiste en buscar la medida justa de cada emoción para cada situación, contexto y relación.

Imaginemos por un momento que nos dislocamos un hombro y no buscamos ayuda para que nos lo recoloquen. Además de no poder realizar los movimientos y las funciones que le corresponden, sentiremos un dolor insoportable. Lo mismo ocurre con las lesiones o los malestares emocionales: si no los atendemos, no podrán cumplir su función. En el caso de las dolencias del alma, a veces se puede anestesiar el dolor con actividad constante, distracciones, evasiones, adicciones o medicación, pero esto casi nunca ocurre sin consecuencias ni con suficientes garantías de no enfermar o de que se convierta también en irresistible.

✗

La educación emocional nos salva del dolor emocional y puede cambiarlo y transformarlo todo. Si educamos las emociones, tendremos más fuerza y más poder que cualquier emoción perturbadora. Ninguna emoción podrá con nosotros.

✓

La educación emocional no nos salva del dolor emocional, aunque sí que puede salvarnos del trastorno mental. Pero la educación emocional no puede con todo, también tiene sus límites.

Pensar que la educación emocional actúa como una vacuna contra las emociones perturbadoras es una falacia, y otro de los malentendidos más comunes en este ámbito. A pesar de todo el crecimiento, la educación y la psicoterapia emocional que realicemos, siempre habrá emociones que puedan dejarnos fuera de juego. Y la razón es sencilla: las personas somos vulnerables, lo que significa, etimológicamente, la posibilidad de ser heridas. Todas las personas podemos serlo, y todas o casi todas arrastramos alguna herida interna.

Gabor Maté se refiere a dichas heridas internas como traumas, y afirma que lo traumático no son unos hechos concretos, sino lo que estos ocasionan en el interior de la persona, y distingue dos tipos de traumas. Por un lado, los Traumas con mayúscula: aquellas experiencias adversas, hostiles, terribles o dolorosos que hemos vivido. Por el otro, los traumas con minúscula: las marcas perennes de infortunios menos memorables, pero igualmente dolorosos. Estos últimos pueden incluir cosas tan sutiles como comentarios desafortunados de unos padres bienintencionados, una conexión emocional insuficiente con los adultos que cuidan a los niños o la insatisfacción de las necesidades primarias.[64]

Los traumas o heridas internas no siempre son fruto, pues, de un infortunio personal o familiar, ni tampoco de maltratos. La desconexión emocional continua hacia el niño o niña por parte de su entorno familiar y afectivo, así como la acumulación de pequeñas e incluso sutiles desatenciones, indelicadezas o errores que se reiteran —mención aparte merecen el chantaje, la manipulación y la represión emocional—, pueden ser tan traumáticas y perjudiciales como cualquier fatalidad que la vida depare a una familia. En línea con lo que señaló Winnicott, «los niños pueden resultar heridos cuando les pasan cosas malas, sí, pero también cuando no les pasan cosas buenas».[65]

Hablamos a menudo de fortaleza emocional, de resiliencia y de gestionar y controlar las emociones como si fuera pan comido, pero nos olvidamos de la fragilidad del alma humana, especialmente de la de los niños y niñas. Es muy fácil herir a una criatura: basta con que no se escuche o se atienda adecuadamente alguna de sus necesidades vitales y emociones profundas, o con que no haya obtenido la comprensión y el acompañamiento necesarios. Y también podemos dañarla al imponerle expectativas inalcanzables a exigencias excesivas, algo muy habitual en muchas familias y escuelas.

Hay un estudio reciente, realizado en 2023, de una gran relevancia en cuanto a la relación entre trauma, emociones y salud mental. Ha sido llevado a cabo por el Instituto de Investigaciones Médicas del Hospital del Mar de Barcelona (IMIM), también han participado investigadores del Hospital de Clínicas de Porto Alegre de Brasil y del Hospital Clínico de Barcelona. Ha puesto de manifiesto la influencia decisiva del cuidado de las emociones durante la niñez en la salud mental y es la evidencia más sólida hasta la fecha sobre este tema. Tras analizar 93 000 casos, se ha demostrado que los traumas psicológicos en la infancia triplican el riesgo de desarrollar un trastorno mental grave en la edad adulta.

Uno de los datos más sorprendentes y significativos es que cataloga como trauma no solo las catástrofes, las muertes violentas, el maltrato, el acoso o el abuso familiar, físico y sexual, sino también el abuso y la negligencia emocional.[66] Esta distinción concuerda perfectamente con los dos tipos de trauma que distingue el Dr. Maté, y supone una constatación irrefutable de la necesidad fundamental de acoger, escuchar, atender y acompañar con un cuidado exquisito las emociones desde la más tierna infancia y desde los primeros latidos de vida. ¿Qué más necesitamos para entenderlo? ¿No es suficiente todavía con 93 000 casos?

El doctor Benedikt Amann, autor principal del estudio, describe muy bien la interacción entre genes y ambiente en estos casos. Así, explica que los traumas infantiles pueden hacer aflorar un trastorno mental genético latente que aún no se había manifestado, mientras que, aunque exista una predisposición genética a la enfermedad mental, si la infancia es normal, con un cuidado adecuado por parte de los padres y no se sufre *bullying* en la escuela, es muy posible que el trastorno no se desarrolle.

Tenemos una mala noticia y una buena. La mala es que, a pesar de que eduquemos y cuidemos las emociones, pueden aparecer emociones perturbadoras más fuertes que nosotros. La buena noticia es que un cuidado saludable de las emociones nos permitirá reconocerlas y disminuirá el riesgo de que se conviertan en un trastorno mental. Así pues, una educación emocional saludable desde la infancia no nos libra del dolor emocional, pero sí que puede protegernos del trastorno mental.

Asimismo, es importante acabar con el malentendido de que la educación emocional puede con todo y puede cambiarlo todo. Cuanto antes atendamos a las emociones y cuanto mejor lo hagamos, más nos ayudará a prevenir trastornos, a desarrollar nuestro potencial y a contrarrestar tendencias innatas. Sin embargo, hay patrones e inclinaciones que pueden resistirse al cambio. Nuestra estructura emocional no siempre se puede cambiar, del mismo modo que tampoco podemos modificar nuestra estructura ósea: no podemos ser altos si somos bajos, ni tampoco al revés. Si eres una persona emocionalmente intensa o impulsiva, quizá podrás atenuar esos ragos, pero es difícil que te conviertas en una persona absolutamente flemática o zen.

✗

La educación emocional promueve la resiliencia, y resiliencia significa ser personas fuertes y valientes que no se rompen ni se doblan ante la adversidad.

✓

La educación emocional promueve la resiliencia, y la auténtica resiliencia o fortaleza emocional significa asumir la propia vulnerabilidad con humildad, paciencia, compasión, responsabilidad y generosidad.

La resiliencia es la capacidad de sobreponernos a la adversidad y de aprovecharla para crecer y transformarnos. Para ilustrarla, a menudo se recurre a una conocida metáfora sobre el huevo, la zanahoria y el café, que invita a reflexionar sobre el comportamiento de cada uno de estos tres elementos cuando están sometidos a una fuerte presión, como la del agua hirviendo. El huevo, que era frágil, se endurece; la zanahoria, que era dura, se ablanda, y los granos de café, en cambio, desprenden su esencia y aroma y transforman el agua. Ante la pregunta de qué queremos ser, casi todo el mundo responde «café». Y, en efecto, se considera que somos personas resilientes cuando nuestro comportamiento se asemeja al de café, es decir, cuando las dificultades hacen emerger en nosotros cualidades, actitudes o valores que nos mejoran como personas y nos impulsan a transformar aspectos de nuestro entorno.

Sin embargo, hay dos preguntas bastante más interesantes que conviene que nos planteemos: qué solemos ser y si se puede ser siempre café. Enseguida nos daremos cuenta de que la metáfora es muy bonita, pero tiene un punto de utopía, pues es inviable ser siempre café. Cuando nos enfrentamos a situaciones que nos superan emocionalmente, es natural e inevitable que haya momentos en que nos desanimemos y nos volvamos frágiles, como la zanahoria, y otros en los que, como el huevo, nos endurezcamos y protejamos nuestra fragilidad para poder seguir adelante. La reacción del café es la deseable, pero no siempre es instantánea, y a veces no podemos imaginar siquiera que algún día será posible. En muchas ocasiones, primero tenemos que pasar por ser huevo o zanahoria antes de llegar a ser café.[67]

Personalmente, a mí me educaron para ser huevo, y toda mi vida he querido ser huevo y he aparentado serlo, en el sentido de desear sentirme fuerte y no romperme. Sin embargo, llegó un momento en que acabé deshecha como una zanahoria. Dice Gabor Maté al respecto de esta cuestión que «la huida de la vulnerabilidad es una fuga del yo que inhibe la maduración. Sin vulnerabilidad emocional no hay crecimiento. Nuestras cualidades más "duras" (resiliencia...), si son auténticas y no son simple fachada, tienen este estado más blando como precursor. La invulnerabilidad impuesta encarcela a los niños en sus limitaciones y miedos. No es extraño que muchos estén ahora en tratamiento por depresión, ansiedad y otros trastornos».[68]

La vulnerabilidad, en definitiva, no solo es humana e inevitable, sino que es una condición que debemos aceptar y abrazar si queremos desplegar nuestra esencia y desprender cierto aroma a café. Si no somos nunca huevo ni zanahoria, si no nos permitimos momentos de sobreponernos a lo que nos ocurre o de evasión emocional, así como momentos de fragilidad, corremos el riesgo de convertirnos en café descafeinado o en aguachirri.

✗ La educación de las emociones es nociva.

✓ Hay educaciones emocionales saludables y beneficiosas y «educaciones» emocionales nocivas y perjudiciales, y hay que identificarlas y distinguirlas, porque educar emocionalmente no solo es necesario, sino también inevitable.

Del mismo modo que es imposible no comunicar, como bien señalaron Paul Watzlawick y sus colegas de Palo Alto,[69] también es imposible no educar emocionalmente. Quizá no haya educación emocional curricular, intencionada o consciente, pero sin duda siempre hay transmisión emocional, a menudo inintencionada e inconsciente. No existe, pues, la no transmisión emocional.

Como hemos visto, lo nocivo no es la educación emocional, sino la desatención de las emociones y las formas desvirtuadas de atenderlas o educarlas, entre las que se encuentran las doce que expuse en la primera parte del libro.

En consecuencia, el hecho de que siempre haya transmisión emocional, aunque no sea de forma intencionada ni consciente, hace que la responsabilidad de la transmisión y la educación emocional recaiga en la persona adulta, y en lo que esta hace, irradia y contagia mucho más que en lo que dice y preconiza.

✗ La educación emocional se dirige básicamente a niños, niñas y adolescentes.

✓ **La educación emocional tiene que dirigirse prioritariamente a las familias, pero también a los profesionales de la educación, a los medios de comunicación y a la sociedad en general.**

Relegar la educación emocional a la infancia y a la adolescencia es un error mayúsculo. Es una idea que ya expusimos en el primer libro que escribí junto con Pere Darder:[70] los destinatarios prioritarios de la educación de las emociones no son los niños y los adolescentes, sino las familias, los educadores y educadoras y la sociedad en general. Y es que tanto las capacidades y las fortalezas como las carencias y las heridas emocionales del niño o adolescente tienen algo que ver con el tipo de vínculo y la relación que establece con sus adultos significativos. La calidad del vínculo condiciona la naturaleza de las primeras emociones, antes incluso de que el niño llegue al mundo. Ciertamente, la educación emocional empieza antes de la cuna, por eso nunca es demasiado pronto para empezar a educarnos y a educar emocionalmente de una manera consciente, conectada, decidida y delicada.

La clave de la salud y la competencia emocional de los niños y los adolescentes reside en la salud y la competencia emocional de sus personas adultas de referencia. Podemos tener el mejor programa o las mejores herramientas de educación emocional del mundo, pero que fracasen por incompetencia emocional de quien los aplica. ¿De qué sirve un buen programa si no sabemos tejer vínculos educativos saludables? Si en nuestro interior hay heridas sin cicatrizar o carencias emocionales no identificadas, difícilmente lograremos crear un vínculo sano ni mantener una relación paciente, amorosa y serena con el niño ni con el adolescente. Por mucho que lo amemos o respetemos, y por más buenas intenciones que tengamos, muy probablemente incurriremos en negligencias, se nos escaparán gritos, salidas de tono, desaires, desatenciones y otro tipo de agravios que tienen efectos nocivos y dejan marca, tanto si son puntualmente virulentos como si no tienen gran virulencia pero se van repitiendo.

✗ La educación emocional se transmite a través de programas y actividades curriculares.

✓ La transmisión emocional más poderosa es la que se lleva a cabo a través de los vínculos, las relaciones, las vivencias y la comunicación interpersonal, por un lado, y de las actitudes vitales y educativas que adoptamos y contagiamos, por el otro.

Hay dos tipos de educación emocional: la curricular, que se realiza de manera intencionada, con programas concretos y en horarios convenidos, y la relacional, que se realiza a todas horas, por ósmosis y modelado y no siempre de forma intencionada. Dijo Umberto Eco que somos lo que nuestros padres nos enseñaron cuando no estaban tratando de enseñarnos nada, y así es. La empatía no se educa con programas y actividades curriculares sobre empatía, sino en contextos empáticos, con personas empáticas que tienen actitudes y sentimientos empáticos.

Hasta hace muy poco, y todavía hoy en día, gran parte de nuestra sociedad no ha recibido una educación emocional curricular. Sin embargo, como ya hemos mencionado, todos hemos recibido una transmisión y educación emocional relacional, ya fuera intencionada o no, consciente o no, saludable o no. En general, ha sido poco consciente y menos saludable. Por lo tanto, sirve de poco aplicar programas si la transmisión emocional implícita en nuestra manera de vivir, de relacionarnos, de comunicarnos y de educar todavía es insana. De hecho, uno de los mayores obstáculos para la salud y la madurez emocionales de nuestra sociedad es la proliferación de programas de educación emocional de todo tipo, pero mal aplicados y no evaluados o mal evaluados, en un contexto de analfabetismo e insalubridad emocional como el que aún impera en las relaciones familiares, educativas y sociales.

Esto no va de maletas didácticas ni de ejercicios de introspección o dinámicas grupales, tampoco de colorear emociones ni de escoger emoticonos. Esto va de actitudes adultas emocionalmente maduras que se transfieren sobre todo a través de las relaciones personales y educativas. La educación emocional no es una cuestión de programas, aunque sin duda un buen programa pueda ayudar. Es, sobre todo, una cuestión de actitudes, de un proceso personal interno que dura toda la vida, de un cuidado exquisito de las relaciones, de ternura y delicadeza, de autodignidad y autoestima, de empatía y asertividad en la comunicación. De poner corazón en la mirada, la escucha y las palabras.

X

Educar emocionalmente implica preguntar a menudo al niño o niña y adolescente cómo se sienten.

El simple hecho de preguntar «cómo te sientes» no solo no es garantía de una buena educación emocional, sino que puede resultar intimidatorio, disuasorio o ineficaz.

Es indudable que interesarnos por cómo se sienten los niños y niñas y los adolescentes es esencial e imprescindible para proteger su salud mental e integral. No obstante, esto no se logra preguntando tan solo «cómo te sientes». De hecho, esta pregunta puede convertirse en un mero formalismo que aporta poco o nada. Es más, según cómo y cuándo se haga, puede resultar intimidatoria e impedir una expresión emocional libre, honesta y sincera. A pesar de eso, hay quien propone preguntarlo cada día, en casa y en la escuela. Algunos programas de educación emocional incluyen esta y otras actividades similares (se pueden encontrar en internet), con una distribución horaria que ríete de los horarios de las materias escolares.

Mal vamos si convertimos la educación emocional en un currículum paralelo, con un montón de actividades diarias adicionales. Una de ellas, por ejemplo, consiste en colgar una hoja detrás de la puerta de casa en la que el niño o adolescente tiene que registrar cada día cómo se siente, tanto al salir de casa por la mañana como al regresar por la tarde, con un emoticono, palabra o símbolo. No solo me parece una manera fría, mecánica y monótona de educar en las emociones, sino que hasta puede ser disuasoria. Imaginaos que cada día, al salir y entrar a casa, os preguntaran «cómo te sientes» o tuvierais que marcarlo en una hoja. A mí me darían ganas de salir y no volver a entrar. Debemos tener cuidado, porque, si pretendemos fijar y automatizar determinados hábitos emocionales como si fueran lo mismo que lavarnos los dientes, corremos el riesgo de robotizar nuestras vidas y nuestras relaciones.

Cada cual que pregunte lo que considere necesario, siempre con delicadeza y respetando el derecho del otro a no responder. Pero hay que tener muy presente que preguntar sobre las emociones no significa que las estemos atendiendo de manera adecuada. No se trata solo de preguntar al niño, niña o adolescente «cómo te sientes», sino de transmitirle que su sentir nos importa, y que estamos abiertos y disponibles para escucharlo y acompañarlo, algo que no garantizan las preguntas rutinarias ni los interrogatorios emocionales. Sí que podemos conseguirlo, en cambio, con nuestra presencia atenta y amorosa, y con el sentimiento de confianza que debemos tejer para que tenga la seguridad de que acogeremos sin juicios ni represalias lo que es y lo que siente, y para que sepa que puede contar con nuestra ayuda y apoyo.

En esta línea, en algunos foros y jornadas se acostumbra a pedir al público que exprese en voz alta su estado emocional, lo cual también puede ser intrusivo o intimidatorio y poco respetuoso si no se contextualiza bien, el ambiente no es propicio, no existe la suficiente confianza o no se ha obtenido antes el consentimiento para hacerlo.

✗

La educación emocional implica provocar impactos emocionales para aprender.

✓

La educación emocional implica atender las necesidades vitales y los sentimientos de las personas. Los impactos emocionales no hacen ninguna falta y, además, pueden ser contraproducentes.

Cuando hablamos de emociones, no nos referimos a que todo deba «emocionarnos», a que sea necesario provocar impactos emocionales para educar, a que la empatía signifique tolerar cualquier cosa y todavía menos a promover el descontrol, la incontinencia o el exhibicionismo emocional. En realidad, provocar impactos emocionales puede ser incluso contraproducente para el aprendizaje. Héctor Ruiz, biólogo e investigador, reconoce que tener en cuenta las dimensiones emocionales es importante para la motivación y el aprendizaje.[71] Sin embargo, advierte que una clase emocionante no siempre hará que el alumnado recuerde mejor los aprendizajes. De hecho, puede ocurrir a la inversa, y dificultar su retención. Pone el ejemplo de cuando en un experimento en el laboratorio se produce una explosión: el alumnado recordará más la emoción de la explosión que el contenido o el significado del experimento. A menudo, para que algo nos mueva antes tiene que conmovernos, debe «tocarnos» o interpelarnos de algún modo; sin embargo, de poco sirve si solo conmueve y no mueve.

No podemos reducir las emociones al impacto o a la sacudida que a veces producen; lo importante es atender a las necesidades vitales que ponen de manifiesto, sobre todo a las que no están cubiertas. Esto incluye las de pertenencia, de afecto, de reconocimiento, de aprecio y autoestima, de dignidad, de autenticidad, de protección, de seguridad y de madurez, entre muchas otras. Hablar de emociones es, en definitiva, hablar de los derechos fundamentales de los niños y adolescentes, de cuidado y autocuidado, de autoconciencia, autoconocimiento y autorregulación, de desarrollo integral, de crecimiento como personas a lo largo de la vida, de empatía, resiliencia, asertividad y otras competencias similares, indispensables para vivir y convivir, que tienen un alcance mucho más amplio del que se le da a veces a la palabra emoción o emocional.

✗ La educación emocional requiere principalmente actividad, activación y movimiento corporal.

✓ La educación emocional requiere también quietud, ritmo pausado y movimiento interno.

Algunas formaciones de educación emocional abusan del movimiento, como si el simple hecho de moverse fuera garantía de calidad y conexión emocional. La modalidad *saltimbanqui* ensalza el movimiento como un recurso vistoso para generar una neuroquímica emocional positiva, orientada hacia un bienestar que puede ser más aparente que real cuando se superpone al dolor del alma. Como hemos mencionado, esto genera una necesidad imperiosa de actividad constante para evadirnos y huir de nosotros mismos.

En esta línea, Lacroix asegura que «el ruido y la estimulación constante, las conductas de riesgo, la velocidad, la música trepidante, los actos violentos, el fervor masivo por el deporte, los éxtasis y estados de tránsito, la droga, los deportes de aventura, los videojuegos, los parques temáticos, etc., son elementos muy representativos de una sociedad que prefiere el frenesí emocional a la calma y a las emociones reposadas».[72] Entre los distractores también podríamos añadir las pantallas y las redes sociales, con sus *reels*, sus vídeos y sus *posts*.

El aprendizaje activo tiene unos fundamentos y beneficios psicopedagógicos innegables, pero a veces confundimos aprendizaje activo con movimiento o actividad constante, como si la actividad fuera enemiga de la quietud. Sin embargo, en realidad no puede haber movimiento ni actividad con sentido sin la práctica de la quietud. En algunas ocasiones, la agitación del movimiento externo interrumpe procesos internos que requieren calma y una conexión reposada y silenciosa con uno mismo para consolidarse. Es algo especialmente necesario hoy en día, como un contrapunto a la aceleración, el ruido y la activación constante en que vivimos inmersos.

Más que promover aprendizajes activos, debemos fomentar aprendizajes que activen, que pongan en marcha algo en la persona, ya sea externo o interno. El aprendizaje que despierta interrogantes, curiosidad, reflexión o percepción interna es activo, incluso si en un primer momento no implica un movimiento hacia fuera. Así, podemos estar quietos por fuera y movidos o conmovidos por dentro, y necesitar focalizar la energía en ese movimiento interno. O podemos movernos exteriormente mientras en nuestro interior estamos quietos y sosegados, y también puede ocurrir que nuestro estado sea igual por dentro y por fuera, ya sea este activo o tranquilo. Lo más saludable, no obstante, es alternar estos momentos y, sobre todo, romper la asociación habitual entre educación emocional y movimiento o actividad constante, algo que puede resultar contraproducente.

✗ La meditación y el *mindfulness* son las herramientas más eficaces de educación y bienestar emocional.

✓ Herramientas de educación y bienestar emocional hay muchas, y las más eficaces son las que van mejor a cada persona.

Los beneficios de la meditación y del *mindfulness* son numerosos y están corroborados científicamente. No obstante, esto lleva a veces a reducir la formación, la atención o el cuidado de las emociones a una de estas dos magníficas herramientas. Sin duda, ambas son de gran ayuda para detener los bucles mentales que algunas emociones generan, soltar tensiones, exigencias o expectativas emocionales que a veces nos autoimponemos, así como para generar calma o mejorar la concentración, la atención, los hábitos de escucha consciente y de introspección, entre otros muchos beneficios. Sin embargo, cuando existen desórdenes, carencias o heridas emocionales de base, estas herramientas por sí solas no solo no los resolverán, sino que pueden convertirse en un recurso para huir de ellos. Así, estos problemas emocionales van a seguir latentes de trasfondo y más adelante pueden manifestarse en forma de síntomas y disfunciones diversas.

No hay ninguna herramienta que sirva para todas las emociones, personas y situaciones y tampoco ninguna resuelve todas las carencias emocionales profundas. Del mismo modo que no hay un medicamento que lo cure todo, tampoco hay una herramienta emocional que lo solucione todo. Una misma técnica puede ser muy eficaz para una emoción, pero inadecuada para otra, o puede funcionarnos en un momento o etapa vital determinada, pero no en otro. En *Cómo cuidar la salud emocional*[73] expuse un centenar de herramientas, recogidas en catorce tipologías diferentes (desde las verbales hasta las artísticas, las corporales, las basadas en la respiración, las musicales, las catárticas, los rituales, los anclajes, entre otras). Mi objetivo era el de dar a conocer una amplia variedad de opciones que nos permitan construir nuestro propio kit o caja de herramientas emocional personal. Este kit debe contar con aquellas que se adaptan mejor al temperamento o perfil emocional de cada persona y que más efectivas son para cada emoción, situación y momento vital: «Lo más importante no es la herramienta, sino cómo la usamos. Podemos tener muy buenas herramientas y muy poca conciencia y competencia emocional. Podemos estar utilizando herramientas tan saludables como la meditación, el *mindfulness* o el yoga y vivir en una evasión o en un autoengaño constante, sin saber nada o muy poco de nuestras emociones, de lo que significan y dicen de nosotros. Podemos conocer muchas que no sabemos usar o pocas pero muy eficaces».[74]

✗ La madurez o la salud emocional significan ausencia de crisis emocionales.

✓ Las crisis emocionales son compatibles con la salud y la madurez emocional y, además, pueden ser fuente de ellas.

Estar vivo es sinónimo de experimentar crisis emocionales. Son inevitables, y no podemos ahorrárnoslas, igual que tampoco podemos evitar resfriados, gripes, virus y otras dolencias físicas. Algunas crisis serán más leves y pasajeras, mientras que otras probablemente serán más intensas y persistentes. Sin embargo, ni las unas ni las otras son necesariamente indicativas de trastorno mental, aunque tienen que atenderse y cuidarse adecuadamente para que no deriven en alguno. En realidad, he observado que las personas que pasan por sacudidas emocionales y están abiertas a observarse, a hacerse preguntas y a buscar posibles significados tienden a estar más sanas emocionalmente y más presentes que las que las evitan, las anestesian o pasan de puntillas por ellas.

Dice el cardiólogo Valentí Fuster que «la salud, en realidad, no existe o solo existe en términos relativos. Todo el mundo tiene un grado de "no salud". Por eso cada cual tiene que aceptar sus condicionantes».[75] Explica que el que no tiene alto el colesterol tiene anemia, la nariz tapada u otra afección, y este paralelismo puede aplicarse a la salud emocional. Esta es también es un concepto relativo, y todos tenemos un grado de «no salud» emocional. La clave, pues, está en identificar nuestros puntos vulnerables y cuidarlos para que no nos gobiernen a ciegas ni se agraven.

PARTE III
12 buenas prácticas emocionales

12 condiciones para una transmisión y un crecimiento emocional saludables

En esta tercera y última parte del libro, presento doce condiciones que, según mi experiencia, conocimientos e investigaciones, son esenciales para la transmisión, la educación, el crecimiento, la salud y el bienestar emocional. Las comparto para que os sirvan de orientación al escoger conferencias, formaciones, exposiciones, actividades, libros, vídeos o autores que traten estas temáticas y así tengáis más garantías de acertar y de alcanzar nuevas y valiosas comprensiones.

Hay, como mínimo, doce requisitos imprescindibles para una transmisión y educación emocionales saludables. La mayoría de ellas son el reverso de las doce tipologías equivocadas que hemos visto en la primera parte del libro. Así pues, una transmisión, crianza o educación emocionalmente saludable es:

1. **Emocionalmente inclusiva:** debe contemplar, validar y acoger todas las emociones, porque todas siempre son legítimas. Lo que no siempre es legítimo son las conductas y respuestas que se derivan de ellas. No debe adormecer, silenciar, desestimar ni evitar ninguna emoción, sino favorecer su vivencia y expresión saludables.
2. **Humanizadora:** orientada a la conexión interior (con uno mismo) como base para la conexión emocional con las otras personas. Debe ser un tipo de transmisión que no rehúya la vulnerabilidad, la incertidumbre, el caos ni la complejidad emocional, sino que los mire de cara y los abrace como atributos de la condición humana, como impulso de crecimiento y como fuente de autoconocimiento, sensibilidad y humanidad.
3. **Integradora de las diferentes dimensiones de la persona:** debe dirigirse no solo al intelecto, al conocimiento, a la reflexión o a la comprensión racional de las emociones, sino también a la resonancia emocional interna, a la conciencia y a la descarga corporal de las emociones. Hay que rehuir, pues, tanto los abordajes que pretenden comprender las emociones desde una dimensión meramente racional o verbal, desvinculada de la vibración emocional interna y de la escucha y el cuidado del cuerpo, como los que las restringen al movimiento, al ruido o a los impulsos biológicos primarios.
4. **Holística:** debe aglutinar tanto conocimientos científicos como humanistas e integrar diferentes corrientes, paradigmas, abordajes y maestros. Cuando se limita a una

sola corriente o tradición, la visión que se ofrece es parcial, limitada y sesgada, lo que puede llevar con mayor facilidad a planteamientos simples, rígidos o erróneos.

5. **Documentada, «leída»:** debe fundamentarse en conocimientos amplios y sólidos; apoyarse en estudios, citas, libros, trabajos de campo y evidencias empíricas, entre otros. Un libro en el que se citan a otros autores y que ofrece una bibliografía acostumbra a ser más fiable que otro que no lo hace, y lo mismo ocurre en el caso de conferenciantes o de los influencers que nombran a otros autores. No tener en cuenta otras aportaciones denota falta de conocimientos o una actitud soberbia, egocéntrica y totalmente subjetiva, lo que va en detrimento de la calidad y la credibilidad del mensaje.
6. **Honesta, humilde y realista:** basada en lo que somos y sentimos en lugar de en lo que aparentamos; en lo que practicamos, no en lo que predicamos. Debe proponer expectativas realistas que tengan en cuenta la fragilidad, las dificultades o la frustración que a veces experimentamos ante determinadas emociones que querríamos sentir o frente a un bienestar emocional que querríamos lograr, pero que, pese a nuestro esfuerzo, se nos resisten. Es necesario, asimismo, que hagamos conscientes a niños y jóvenes de estas limitaciones emocionales que todas las personas enfrentamos en mayor o menor medida y respecto a diferentes emociones.
7. **Como proceso a lo largo de la vida:** *cualquier* transmisión o educación emocional debe ser entendida y practi-

cada como un proceso a lo largo de toda la vida, no como acciones o formaciones puntuales. Uno de los principales obstáculos que podemos enfrentar es que sean actuaciones momentáneas y superficiales, que echan colonia al sudor y no abordan las dificultades y problemáticas de fondo. Como hemos señalado, está demostrado que los efectos beneficiosos de cualquier acción orientada al bienestar emocional pueden ser notorios durante o inmediatamente después de la iniciativa, pero se desvanecen con facilidad si no hay una continuidad en el tiempo.

Según datos documentados por Queralt Capsada, de la Universidad de Glasgow, «los programas requieren de una continuidad en el tiempo para mantener sus efectos positivos, de manera similar a como ocurre con otras competencias cognitivas básicas (lectora, matemática, etc.)».[76]

8. **Apoyada en ITV emocionales:** al igual que ocurre con nuestra salud física y orgánica, la dimensión emocional requiere también supervisión y revisiones periódicas. De vez en cuando nos hacen falta «radiografías» y «ecografías» del alma, así como «suplementos vitamínicos». Esto implica la humildad de reconocer que no podemos salir adelante solos y que nuestra autopercepción de la propia salud y del propio bienestar no es suficiente. Necesitamos la mirada y sabiduría de otras personas, nos hacen falta maestros y maestras de vida en todas las edades y etapas vitales, así como la responsabilidad y el coraje de

buscar su orientación y ayuda profesional cada cierto tiempo, ya sea como espejo, diagnosis, autoconocimiento o para una puesta a punto en un sentido psicoterapéutico, reparador y sanador. En el caso de los centros educativos, implica disponer de servicios de atención y cuidado del bienestar emocional para docentes, alumnado y familias, a cargo de profesionales externos que presten asistencia periódica o bajo demanda. De este modo, se evita que determinadas problemáticas se cronifiquen y que otras se intensifiquen o compliquen.

9. **Transpersonal:** significa que trasciende a la persona y su personalidad, y está relacionado con el concepto de «soltar» al cual me he referido anteriormente. Implica promover una conciencia expandida de las emociones y de los pensamientos, de modo que podamos percibir su origen, desvincularnos en alguna medida de ellos y detener el bucle en el que a veces nos atrapan. Esta visión busca conectar con nuestra esencia personal profunda, y mostrarnos que nuestras emociones y pensamientos son, en último término, nuestras propias construcciones, de nuestra personalidad, de nuestro ego, o una visión sesgada, basada en la dualidad. Esto nos permite tomar distancia, desidentificarnos de algún modo de ellas y acceder a un espacio interno que nos brinde una conciencia y una comprensión más amplia, unitaria e incluso trascendente de nuestro propio ser.
10. **Orientada a la salud más que a la felicidad:** se enfoca en la salud entendida sobre todo como ese estado que

nunca es completo y que no consiste en evitar el dolor y las crisis emocionales, sino en reconocerlas y enfrentarlas sin que deriven en trastornos graves. La felicidad, por su parte, la coloca en segundo plano, y la entiende en su sentido etimológico y filosófico: el de convertirse en una persona que busca una vida buena y bondadosa, tanto para sí misma como para su entorno. Esta visión de la felicidad facilita que podamos seguir siendo personas sanas o con actitudes saludables incluso cuando la felicidad se nos trunca o se nos hace añicos.

11. **Emocionalmente resonante, que tenga corazón y llegue al corazón:** «emocionalmente resonante» se refiere a que lo que se transmite emite una vibración energética bonita e inspiradora, que suena coherente y verdadera y penetra en el interior, que toca algún reducto profundo de la persona y lo acaricia o lo calma. No todas las transmisiones o educaciones emocionales son emocionalmente resonantes. Algunas tienen matices que disuenan y le restan fuerza. Para que resuene, hay que poner corazón en la mirada, la escucha, las palabras y en todo lo que se hace.
12. **Metafórica, simbólica y poética:** o «mito-poética», en palabras de Jordi Amenós. La transmisión, la educación y la salud emocionales requieren de un arte indispensable: el de aprender a construir narrativas y relatos reparadores que cultiven y rescaten la belleza, la confianza, la esperanza, la compasión, el amor… Esto permite que, después de las heridas del vivir, podamos volver a la vida, y que esta «sea posible de la manera que se pueda».[77]

Sin embargo, hay que tener cuidado, porque «no todas las elaboraciones, interpretaciones o narraciones que podamos hacer de un hecho son curativas y sanadoras. Las hay que ignoran el trauma y otras que no hacen más que recrearlo».[78] Los relatos no pueden ser cuentos de hadas de color rosa que ignoran a los dragones, porque normalmente son los dragones los que esconden el tesoro y, si no los enfrentamos y miramos a la cara, pueden devorar nuestra alma. Cuando las historias excluyen las emociones ingratas y «los relatos narran algo diferente a la que hemos vivido, se amputa una parte del alma»,[79] como advierte Cyrulnik. Quizá llevemos una máscara de fortaleza o felicidad, pero por dentro nos vamos debilitando y apagando. «Quizá tendremos una buena historia, pero no nos tendremos a nosotros»,[80] dice Amenós.

De todos modos, tampoco debemos recrearnos en los dragones. Como señala Boris Cyrulnik, «no será nunca un buen relato el que no hace otra cosa que documentar y reproducir el tormento».[81] El buen relato es el que consigue transformar el significado de la vivencia y los sentimientos que dicha vivencia suscita. El relato reparador no solo testimonia los hechos, sino que facilita su comprensión y modifica su representación interna para que puedan ser integrados y trascendidos.

Es hora de asumir la responsabilidad personal en el cuidado de la propia salud emocional y, al mismo tiempo, de sumarnos a una demanda colectiva de políticas educativas, sociales y sanitarias que la reconozcan plenamente y la promuevan de manera adecuada. Nos va la vida en ello. Jordi Amenós lo expresa muy bellamente: «Apaciguar el conflicto interno de lo que es humano con la musicalidad amable de la belleza invocada permite sanar la guerra interna para que la guerra externa no tenga que existir».[82] Y debemos empezar a hacerlo desde el primer minuto, en el territorio más bello, tierno, fértil, poderoso, delicado, maravilloso y lleno de tesoros que existe: el de la infancia.

Notas y bibliografía citada

1. Lacroix, M. (2001). *Le culte de l'émotion.* París: Flammarion.
2. Fundación Botín. (2008, 2011, 2013, 2015). *Educación Emocional y Social. Análisis Internacional.* Santander: Fundación Botín. Disponible en: <https://fundacionbotin.org/programas/educacion/investigacion-publicaciones/educacion-emocional-social/>.
3. Bach, E., y Darder. P. (2002). *Sedúcete para seducir. Vivir y educar las emociones.* Barcelona: Paidós.
4. Nogueras, R. (2023). *TEDxGranada: 3 mentiras de la psicología positiva.* Disponible en: <https://www.youtube.com/watch?v=W4BlAFZ5wR8>.
5. Del Charco, B. (2021). *Hasta los cojones del pensamiento positivo.* Sevilla: Samarcanda.
6. Ehrenreich, B. (2018). *Sonríe o muere. La trampa del pensamiento positivo.* Salamanca: Turner Publicaciones.
7. Bach, E., y Martí, C. (2013). *Por amor a mi familia. La fuerza emocional del vínculo con nuestros padres.* Barcelona: Plataforma Editorial.
8. Conangla, M. M., y Soler, J. (2022). *Desobediencia emocional.* Barcelona: Amat.
9. MCACANAL Mente, Cuerpo, Alma. (2022). *Educación consciente.* Disponible en: <https://www.youtube.com/watch?v=7ln4vgSFrs8&t=3517s>.
10. Pascual, E. (2022). Quan amb l'amor no n'hi ha prou. Una reflexió sobre els límits. *Viure en família*, 95.
11. Martín, C. (2017). *Vivir en espíritu y en verdad.* Barcelona: Obelisco.
12. Bach, E. (2022). *Cómo cuidar la salud emocional.* Barcelona: Plataforma Editorial.
13. Lacroix, M. (2001). *Le culte de l'émotion.* París: Flammarion.
14. Fuster, V.; Sampedro, J. L., y Lucas, O. (2016). *La ciencia y la vida.* Barcelona: Debolsillo.

15. Funes, J. (2022). *Cuando la vida nos duele*. Barcelona: Grijalbo.
16. Amenós, J. (2021). *Detrás de cada historia*. Barcelona: Ediciones B.
17. Martín, C. (2017). *Vivir en espíritu y en verdad*. Barcelona: Obelisco
18. Ulsamer, B. (2004). *Sin raíces no hay alas*. Barcelona: Luciérnaga.
19. Cyrulnik, B. (2013). *Sálvate, la vida te espera*. Barcelona: Debate.
20. Gergen, K. J. (1992). *El yo saturado. Dilemas de la identidad en el mundo contemporáneo*. Barcelona: Paidós.
21. Ubieto, J. R. (2023). *¿Adictos o amantes? Claves para la salud mental y digital en infancais y adolescencias*. Barcelona: Octaedro.
22. Ubieto, J. R. (2023). *¿Adictos o amantes? Claves para la salud mental y digital en infancais y adolescencias*. Barcelona: Octaedro.
23. Hurtado, M. (2024). Tres oasis de silenci. *Blog de Rosa Sensat*. Disponible en: <https://www.rosasensat.org/tres-oasis-de-silenci/>.
24. Schelicher, A. (2014). «Els estudiants a Catalunya aprenen massa coses i amb poca profunditat». *ARA*.
25. Bach, E. (2022). *Cómo cuidar la salud emocional*. Barcelona: Plataforma Editorial.
26. González, A. (2020). *Lo bueno de tener un mal día. Cómo cuidar de nuestras emociones para estar mejor*. Barcelona: Planeta.
27. Punset, E. (2008). *Brújula para navegantes emocionales*. Madrid: Aguilar.
28. Damasio, A. (2005). *En busca de Spinoza. Neurobiología de la emoción y los sentimientos*. Barcelona: Crítica.
29. Grant, A. [@AdamMGrant]. (2024). *Emotion regulation is not about controlling what you feel. It's about choosing how you respond*. X. Disponible en: <https://x.com/AdamMGrant/status/1787148276631781394>.
30. Hawkins, D. R. (2014). *Dejar ir: el camino de la liberación*. Barcelona: El Grano de Mostaza.
31. Bach, E. (2015). *La belleza de sentir. De las emociones a la sensibilidad*. Barcelona: Plataforma Editorial.
32. Liedloff, J. (2003). *El concepto de continuum. En busca del benestar perdido*. Tenerife: Ob Stare.
33. Maté, G. (2023). *El mito de la normalidad. Trauma, enfermedad y curación en una cultura tóxica*. Madrid: Tendencias.
34. Greenspan, S., y Thorndike, N. (1997). *Las primeras emociones: las seis etapas principales del desarrollo emocional durante los primeros años de vida*. Barcelona: Paidós Ibérica.
35. Drouot, P. (2011). *La revolución del pensamiento integral. Cómo realizarse en el mundo de hoy en día*. Barcelona: Luciérnaga.
36. Adaptación de: Bach, E. (2017). Deixem parlar el cos. *Ara Criatures*. Dis-

ponible en: <https://criatures.ara.cat/opinio/deixem-parlar-cos_129_3038863.html>.
37. Molina, R. (2021). *Una mente con mucho cuerpo. Entiende tus emociones y cuida de tu salud mental.* Barcelona: Paidós.
38. Molina, R. (2021). *Una mente con mucho cuerpo. Entiende tus emociones y cuida de tu salud mental.* Barcelona: Paidós.
39. Pert, C. (1999). *Molecules of emotion: how you feel the way you feel.* Londres: Touchstone.
40. Molina, R. (2021). *Una mente con mucho cuerpo. Entiende tus emociones y cuida de tu salud mental.* Barcelona: Paidós.
41. Nummenmaa, L.; Glerean, E.; Hari, R., y Hietanen, J. K. (2013). Bodily maps of emotions. *Proceedings of the National Academy of Sciences,* 111 (2), 646-651.
42. Aprendemos Juntos 2030. (2021). *Conoce tu cuerpo, conoce tu cerebro. Nazaret Castellanos, neurocientífica.* Disponible en: <https://www.youtube.com/watch?v=aBe5UVvZjWY>.
43. Ver: Bach, E. (2022). *Cómo cuidar la salud emocional.* Barcelona: Plataforma Editorial.
44. Damasio, A. (2021). *Sentir y saber: el camino de la consciencia.* Barcelona: Destino.
45. Maté, G. (2023). *El mito de la normalidad.* México: Tendencias.
46. González, A. (2020). *Lo bueno de tener un mal día. Cómo cuidar de nuestras emociones para estar mejor.* Barcelona: Planeta.
47. Bueno, D. (2017). *Neurociencia para educadores.* Barcelona: Octaedro.
48. Masreal, F. Acto de presentación de la sección «Sanamenet» de *El Periódico de Catalunya,* en el Hospital de Sant Pau de Barcelona (10-junio-2024).
49. Aguado, R. (2015). *La emoción decide y la razón justifica.* Madrid: Giunti Psychometrics.
50. Conangla, M. M., y Soler, J. (2022). *Desobediencia emocional.* Barcelona: Amat.
51. Conangla, M. M., y Soler, J. (2022). *Desobediencia emocional.* Barcelona: Amat.
52. Esquirol, J. M. (2024). *La escuela del alma de la forma de educar a la manera de vivir.* Barcelona: Acantilado.
53. Bueno, D. (2017). *Neurociencia para educadores.* Barcelona: Octaedro.
54. Rojas Marcos, L. (2019). *Somos lo que hablamos. El poder terapéutico de hablar y hablarnos.* Barcelona: Grijalbo.
55. Bach, E. (2022). *Cómo cuidar la salud emocional.* Barcelona: Plataforma.

56. Del Charco, B. (2021). *Hasta los cojones del pensamiento positivo.* Sevilla: Samarcanda.
57. Powell, J. (2010). *¿Por qué temo decirte quién soy? Sobre autoconocimiento, maduración personal y comunicación interpersonal.* Santander: Sal Terrae.
58. Fundación Botín. (2008, 2011, 2013, 2015). *Educación Emocional y Social.* Análisis Internacional.
59. Sánchez, M.; Bresó, E., y Adelantado, M. (2022). *Inteligencia emocional en entornos educativos: evidencias científicas.* Castellón: Publicacions UJI.
60. Csikszentmihali, M. (1997). *Fluir (Flow). Una filosofía de la felicidad.* Barcelona: Kairós.
61. Céspedes, A. (2008). *Educar las emociones.* Barcelona: Ediciones B.
62. Maturana, H. (1994). *El sentido de la humano.* Santiago de Chile: Dolmen.
63. Castilla del Pino, C. (2000). *Teoría de los sentimientos.* Barcelona: Tusquets.
64. Maté, G. (2023). *El mito de la normalidad.* México: Tendencias.
65. Maté, G. (2023). *El mito de la normalidad.* México: Tendencias.
66. Hogg, B.; Gardoki-Souto, I.; Valiente-Gómez, A., *et al.* (2023). Psychological trauma as a transdiagnostic risk factor for mental disorder: an umbrella meta-analysis. *European Archives of Psychiatry and Clinical Neuroscience*, 273, 397-410.
67. Adaptación de: Bach, E. (2021). *Ets ou, pastanaga o cafè? Ara Criatures.* Disponible en: <https://criatures.ara.cat/opinio/ou-pastanaga-cafe_129_4053489.html>.
68. Maté, G. (2023). *El mito de la normalidad.* México: Tendencias.
69. Watzlawick, P., Beavin, J. y Jackson, D. (1981, 2002). *Teoría de la comunicación humana. Interaccionas, patologías y paradojas.* Barcelona: Herder.
70. Bach, E., y Darder, P. (2002). *Sedúcete para seducir.* Barcelona: Paidós.
71. Ruiz, H. (2023). *«Edumitos»: ideas sobre el aprendizaje sin resplado científico.* Barcelona: International Science Teaching Foundation.
72. Lacroix, M. (2001). *Le culte de l'émotion.* París: Flammarion.
73. Bach, E. (2022). *Cómo cuidar la salud emocional.* Barcelona: Plataforma Editorial.
74. Bach, E. (2022). *Cómo cuidar la salud emociona*l. Barcelona: Plataforma Editorial.
75. Fuster, V.; Sampedro, J. L., y Lucas, O. (2016). *La ciencia y la vida.* Barcelona: Debolsillo.
76. Capsada, Q. (2016). Són efectius els programes d'educació socioemocional com a eina per millorar les competències de l'alumnat? En: *Què funciona en educació. Evidències per a la millora educativa*, 5. Barcelona: Fundació Jaume Bofill. Disponible en: <https://fundaciobofill.cat/uploads/

docs/j/u/m/z/k/x/k/n/1/que_funciona_05_habilitatssocials_151116_def.pdf>.
77. Amenós, J. (2021). *Detrás de cada historia*. Barcelona: Ediciones B.
78. Bach, E. (2015). *La belleza de sentir*. Barcelona: Plataforma Editorial.
79. Cyrulnik, B. (2013). *Sálvate, la vida te espera*. Barcelona: Debate.
80. Amenós, J. (2021). *Detrás de cada historia*. Barcelona: Ediciones B.
81. Cyrulnik, B. (2004). *El amor que nos cura*. Barcelona: Gedisa.
82. Amenós, J. (2021). *Detrás de cada historia*. Barcelona: Ediciones B.

Agradecimientos

Mi agradecimiento de corazón a todas las personas que habéis contribuido a hacer posible este libro. A Sònia Méndez, por invitarme a dar una conferencia en una Jornada de Educación Emocional en la Casa de Cultura de Girona, en noviembre de 2023, que fue su germen. A las personas asistentes a aquella jornada, que me hicisteis saber que os habían resultado muy interesantes y aclaratorias las ocho educaciones emocionales desencaminadas que expuse (entonces eran solo ocho) y las creencias emocionales erróneas que señalé. Una mención especial a Neus Vila Figareda y a Mercè Munt.

A Jose, compañero de alma y de vida, el primero en creer en el libro y en animarme a escribirlo. A Ester, mi querida hermana, que me instó a proteger determinadas partes del contenido hasta que publicara el libro, y a nuestro Carles.

A Plataforma Editorial, que ama y cuida los libros y me hace sentir querida y cuidada, por tener siempre las puertas abiertas para mí. A Jordi Nadal, el editor de mi vida; a Raúl Gil, Víctor Guirao, Andreu Sitjà y a todo el equipo de Plataforma, por su aprecio, su confianza y por comprender y apoyar la necesidad imperiosa de abordar esta temática en el contexto actual. A Montse Vintró, un ángel entre libros, siempre dispuesta y disponible. A Fidel Masreal, por el valioso hallazgo que es y por la generosidad de regalarme una joya de prólogo.

A Mar Hurtado, presidenta de la Asociación de Maestros Rosa Sensat, y a Dàmaris Rodríguez, su jefa de comunicación, que también detectaron la conveniencia de aclarar términos y de deshacer confusiones respecto a la educación emocional, y que me pidieron un artículo para *El Diario de la Educación* que supuso un empujón para este libro. A Montse Jiménez, compañera y amiga del alma, por lo que compartimos y lo que soñamos. A Martín Sánchez y a todo mi querido equipo de INEBE, de Castellón de la Plana.

A Maru de Montserrat, mi extraordinaria agente literaria, y a su maravilloso equipo de International Editors & Yáñez Co, por poner en valor lo que hago y buscar lo mejor para mí. A Ariadna Puig, mi encantadora agente de comunicación y fantástica conectora, por poner alma en todo. A Cecilia Martí, mi amada hada madrina, porque con ella empezó todo y porque su escucha amorosa mientras le explicaba de qué iba este libro me dio alas para recuperar «la voz» que perdí el día de San Jordi. A Pere Darder, *in memoriam* y en defensa de las emociones que tanto amó e impulsó. A Jordi Vilaseca, amigo-hermano del alma, y a su-mi adorable familia, por estar tan cerca y por su «sí» a todo lo que me ayude. A Maje, siempre bálsamo y caricia infinita para cuerpo y alma, y a sus chicos.

A Rosa Figueras y Jordi Mauri, de Tauholos, a Javier Sempere, a Rosa García Arroyo y Antonio, a Joan Ramon Reig, a Bego, a Pili Centelles, a Maribel Hermoso, a Aroa Azahara y a Aurelia, que me ayudan exquisitamente a cuidarme.

A Feli, a Carmen Navarro, a Gemma Ventura, a Lamontoya, a Lidon Blanch y Carol Benedito, a Jordi Amenós, a Jordi Moner, a Mario Mercader y a mis «catalònics». A Xon y Pep, por el rosé y por las burbujas.

A mi preciosa y amada familia. A mi madre, cada día más entrañable y amorosa; a mi padre, que tanto añoro; a mis yayas y *avis*, que me visitan y me inspiran en sueños, por su profunda y poderosa huella. A mis hijos y nieta, Marc, Mercè y Joana, y Adrià y Tjitske, mis tesoros, «el regalo más bonito», destinatarios de de la mía, para que ojalá les resulte más luminosa y bonita que pesada. A Jordi F. F., porque nos une lo mejor; a los de Girona y a los de Barcelona, a Vicky y a la yaya Mercè, tesoros que también son y siento familia.

A vosotros, queridas lectoras y lectores, por amar los libros y leer los míos.

Su opinión es importante.
En futuras ediciones, estaremos encantados
de recoger sus comentarios sobre este libro.

Por favor, háganoslos llegar a través de nuestra web:

www.plataformaeditorial.com

Para adquirir nuestros títulos,
consulte con su librero habitual.

«*I cannot live without books*».
«No puedo vivir sin libros».
THOMAS JEFFERSON

Desde 2013, Plataforma Editorial planta un árbol
por cada título publicado.

Esta obra nos ayuda a reflexionar sobre el vínculo
íntimo que mantenemos con nuestros padres,
un elemento esencial de nuestras emociones.